政府和社会资本合作(PPP)合同有名化研究

宿　辉／著

ZHENGFU HE SHEHUI ZIBEN HEZUO(PPP)
HETONG YOUMINGHUA YANJIU

法律出版社 LAW PRESS · CHINA

序言一

宿辉论文的出版，为国内民法学及行政法学理论研究，增添了一份有价值的成果。

尽管存在争议，PPP 模式在国内基础设施和公用事业领域被广泛应用，已是不争的事实。一个投资总规模达 13.2 万亿元，项目数量超过 8500 多个的复杂交易类型，不仅给公共产品供给方式、财税体制乃至国家治理结构带来了重大影响，对立法、司法和法学研究而言，也提出了诸多重要且令人困扰的理论和实践问题。在“术”的层面，政府在 PPP 合同关系中是授予社会资本方特许经营权的权力一方，享有诸多行政优益权，同时，PPP 合同又确是政府与社会资本方通过谈判达成的合意，双方有明确具体的对价和一系列权利、义务及责任的对等安排，这些安排不是法定义务，也不是行政命令，完全是基于社会资本方的自愿承诺才被纳入 PPP 合同条款的。这种兼具民事性与行政性的合同关系，究竟归属公私法的哪一边去规范，其争议是由行政诉讼程序解决，还是通过民事诉讼程序解决？实务界想不明白，学界一直在争论。最高人民法院似乎给出了答案，可学界还是在争论。根本问题还是形而上的，是政治上的国家治理观念和法律上的公私法关系的当代转型。这个根本的理念问题统一认识了，PPP 合同法律属性之争未必非得你死我活。放到行政庭去处理也罢，拿到民庭审理也罢，依据法律，尊重约定，协调技术，终究有解决的办法。

我历来主张，学术研究要采取“一根筋”的态度，不和稀泥，要自觉地“去政治化”，用一个理念、一个原则、一个方法、一个逻辑，穷尽研究命题的各个主要方面。只有这样，才能触到所持理论立场的边界，认清自己理论的长短，也才能与不同立场的理论做比较。宿辉把PPP合同定位为民事性兼具行政性，并力图从民事立场对PPP合同进行体系化的学理阐释和规范梳理，使其在未来民法典中占居一个有名合同的地位，是需要一点学术勇气的。作为PPP模式的实务专家，他的论文对目前民法学界提出的将PPP合同入典的主张，是有力的支持。

我认为，宿辉论文的理论价值主要体现为以下三点：其一，PPP模式作为政府在基础设施和公共服务领域供给方式的转变，其思想源流是国家治理从主权国家理论向公共服务理论的发展，是国家治理方式从依法而治到良法共治，从单向度的管制向法治化的契约治理转化的过程。其二，将特许经营权的授予作为政府与社会资本合作（PPP）的对价纳入合同规范的视域，并借鉴“近因理论”，为PPP合同的民事性定位提出了一种合理的解释方案。同时根据“直接执行公务说”，也厘定了PPP合同中确需由行政法调整的环节，即政府采购、特许经营和项目监管。其三，基于PPP合同具备了“民事性、典型性和成熟性”要件，提出将PPP合同作为典型合同在未来《民法典》中进行规范的建议。对PPP合同的订立、效力、履行和违约救济各环节的典型问题和特殊规则进行了系统讨论，对PPP合同关系中具有行政性因素的实体和程序问题，划定了民事程序与行政程序的界限。

由于PPP模式目前尚处于起步阶段，大量履行和纠纷环节的具体问题没有在实务中展开，论文关于这些方面的讨论仍有待深入，观点也有待商榷，但这是一个有价值的开始。我相信，作为在PPP实务中已经颇有建树并矢志长期深耕这一领域的专家，宿辉在PPP模式的法学理论的研究上，一定会不断有好的成果贡献于理论界和实务界。

孙学致

2019年3月3日于吉林大学

序言二

PPP 涉及面极为广泛，非任何单一学科可以覆盖。同时，其理论前沿性和实务可操作性又极强，需要复合型人才和复合型团队理论密切联系实践进行系统学习。目前从事 PPP 研究的学者主要集中在四个专业方向，分别是项目管理、财政管理、公共管理和法学。PPP 研究和实践中最为核心的问题之一，特别是我国目前 PPP 研究最为缺乏和亟待解决的问题，是制度建设和法律法规相关的问题。

我专注于 PPP 教研和推广二十多年，对国内外 PPP 应该是比较了解的，也一直努力保持中立。虽然国际上特别是西方国家已经基本解决了 PPP 很多包括法律和制度问题，但是中国有些特殊，多数技术性问题差不多解决了，但尚未而且也是最难解决的还是法律和制度方面的问题。

我在 2014 年较为深入地参与了国家发改委法规司所负责的基础设施和公用事业特许经营立法工作，也亲历过自此之后一些 PPP 政策文件的出台过程。目前，我国 PPP 相关法规政策层次较低，尚未有国家层面的统一立法，权威性不够，有些方面不够明确，甚至部分文件之间还有一些矛盾，造成中央和地方政府缺乏统一的法律规制，相关主体包括政府、社会资本、金融机构、咨询（含律师）等的对 PPP 及其相关政策的理解也不一致，甚至有些地方有些部门各自为政，经验教训也不能很好地总结和推广，迫切需要构建一套国家层面的 PPP 法律和制度体系。

我是在2016年东南大学主办的首届“中国PPP青年学者高峰论坛”上与宿辉结识，当时他做了“PPP项目采购的法律属性及协调”的主题发言。此后，我们共同参加了第二届、第三届更名后的“中国PPP学术高峰论坛”，这是我一直支持且每次必带领弟子们参加的论坛。宿辉也多次到清华大学与我交流PPP研究和实践中的一些问题和看法，给我留下了较为深刻的印象。

而今，宿辉准备将其博士论文《政府和社会资本合作（PPP）合同有名化研究》修改完善后出版，这将是国内第一本从民法视角系统论证PPP合同平等、诚实信用和契约自由法律属性的学术著作。作者阐释了将PPP合同作为有名合同进行立法的正当性和必要性，对PPP合同的订约、履约、违约和争议解决等核心问题进行了深入研究并提供了很有价值的观点和建议，我相信这些观点和建议不仅对我国的PPP立法工作会有所助益，也对目前的PPP研究和实践具有启发和参考价值。

是为序！

清华大学建设管理系教授、博导
清华大学PPP研究中心首席专家
全国高校PPP论坛学术委员会主任

2019年3月3日于清华园

目 录
CONTENTS

绪　论

一、选题的背景和意义

PPP 是英文 "Public Private Partnerships" 的首字母缩写，有些国家或国际组织将其译为"公私伙伴关系""公私合营"，我国台湾地区称为"公私协力"，我国法律和政策文件规范名称为"政府和社会资本合作"。①

党的十八届三中全会通过的《中共中央关于全面深化改革若干重大问题的决定》指出："允许社会资本通过特许经营等方式参与城市基础设施投资和运营。"在公共服务和基础设施领域推广政府和社会资本合作（PPP）模式，是我国促进经济转型、降低地方政府债务水平、提高公共服务供给效率的一种重要制度安排。在 2000 年联合国通过的"千年发展目标"框架中，PPP 被认为是确保经济社会实现公平发展的最佳模式。

作为一种社会化、市场化的基础设施和公共服务供给管理方式，PPP 也是一次以供给侧结构性改革为主、政府政策支持为辅的体制机

① 目前，国内学术界和理论界对于该名称多有异议，概因政府是一个主体概念，而"社会资本"是法律客体，二者无法进行合作。参见付大学、林芳竹：《论公私合作伙伴关系（PPP）中"私"的范围》，载顾功耘主编：《公私合作（PPP）的法律调整与制度保障》，北京大学出版社 2016 年版，第 209 页。故本学位论文尊重既有法律文件之规范表述，但是在作为 PPP 合同一方当事人时，为求准确，称为"社会资本方"。

制变革，力求通过转变政府职能、放宽市场准入，充分挖掘政府资源配置能力和财政资金杠杆作用，激励多种所有制主体通过公平竞争方式优化公共产品、公共服务供给与管理，满足人民群众日益提高的多元化、高品质需求。经过近五年的发展，已经初步形成了具有中国特色、符合中国国情的PPP模式，中国在基础设施领域PPP模式的发展已走在世界前列。

PPP的思想渊源可追溯至20世纪的“思想运动”。其中，对PPP发展产生重要影响的思想有新自由主义（neo-liberalism）、新保守主义（neo-conservation）、新公共管理理论等。[①] 在政府、企业和社会三者之间动态关系的调整和良性互动模式层面，治理理论和以治理理论为基础、以提供公共服务为核心内容的公私合作伙伴关系，为此提供了理论基础和直接支持。尚有学者认为担保国家理论可以作为公私合作的法理基础。[②]

现代国家治理理论中，公共服务的概念取代主权的概念成为公法的基础。公共服务与公共物品理论的发展为新公共管理理论倡导的调整行政边界提供了理论支撑。[③] 在主权国家理论中[④]，为体现和保持国家主权，国家有义务组织国防以对抗外敌、国家有义务组织国内秩

---

① 通过文献检索，西方经济学关于PPP的理论基础，大致包括成本—收益分析、项目流程再造、再谈判分析、公共采购法条修正、政府职能转型等方面，鉴于法学论文的视角，作者认为主权国家理论的衰落以及现代意义上国家职能的转变，能够更好地解释公私合作的形成原因，或者是所谓的私法向公法的渗透。

② 所谓“担保国家”，系指国家就公共任务不亲自执行，转而由私人部门执行公共任务时，由国家担保私人部门执行的国家模式。参见邹焕聪：《公私合作（PPP）法律问题研究》，人民出版社2017年版，第140页。

③ 毛寿龙、秦虎：《采购公共服务与调整公共行政边界》，载《天津行政学院学报》2013年第6期。

④ 从国家理论演进的路径来看，主权的法律理论能够追溯到罗马帝国开始的时代。主权为全体人民共同拥有。为了使某一个人能够代表全体人民行使主权所包含的权力，罗马人民通过“王权法”（lex regia）将主权委托给元首。因此，在17世纪和18世纪，主权意味着掌握在国王手中的一种命令权，而革命将君主的主权替换为民族国家的主权。在此情境下，国家的成员同时具有公民和臣民两种身份。作为行使主权权力的民族集体中的一分子，他们是公民；但是，因为他们服从于一个以国家的名义行使主权的政府，他们又是臣民。

序、国家有义务组织法院。因此，国家的主要功能是组织战争、治安和司法。而公共服务是指那些政府有义务施行的行为，任何因其与社会和谐的实现或促进密不可分、而须由政府来加以规范和控制的活动，就是一项公共服务，只要它具有必须经由政府干预，否则便不能够得到保障的特征。① 现有研究表明，公共服务由政府垄断提供会造成政府机构庞大、供给过剩，且容易产生官僚、滋生腐败。② 公共服务的提供可以经由市场主体的"参与"实现，③ 这既是公共性的重要体现，也是公私合作的重要基础，它使政府和社会资本合作成为可能。④ 国家运营的垄断行业的瓦解，以及在医疗、国防、教育的支出中引入"准市场"，表明官僚组织至少部分被合同关系所替代。⑤ 社会进步和经济发展，意味着人民群众对基础设施水平和公共服务质量有了更高的要求，这就需要政府转变公共服务垄断供给的传统角色，随着政府需要承担的公共支出责任越来越大，以单一方式提供公共服务已经无法有效回应社会公众需求，必然要求多种所有制社会资本参与其中。政府与社会资本合作（PPP）的创新模式由此呼之欲出。⑥

目前我国 PPP 实践主要靠"政策驱动"，⑦ 规制 PPP 模式的法律

---

① ［法］狄骥：《公法的变迁》，郑戈译，中国法制出版社 2010 年版，第 45 页。

② 欧纯智、贾康：《PPP 是公共服务供给对官僚制范式的超越——基于我国公共服务供给治理视角的反思》，载《学术界》2017 年第 7 期。

③ 李友梅、肖瑛、黄晓春：《当代中国社会建设的公共性困境及其超越》，载《中国社会科学》2012 年第 4 期。

④ 张守文：《PPP 的公共性及其经济法解析》，载《法学》2015 年第 11 期。

⑤ ［英］柯林斯（Collins，H.）：《规制合同》，郭小莉译，中国人民大学出版社 2014 年版，第 19 页。

⑥ 欧纯智、贾康：《PPP 在公共利益实现机制中的挑战与创新——基于公共治理框架的视角》，载《当代财经》2017 年第 3 期。

⑦ 喻文光：《PPP 规制中的立法问题研究——基于法政策学的视角》，载《当代法学》2016 年第 2 期。笔者认为，从法政策学的视角出发，必须要为 PPP 提供法治保障，将相关政策固化为法律。但不是所有的政策目标都具有正当性，不是所有的政策都禁得住合法性的拷问，也不是所有的政策都有必要转换成法律。应当从 PPP 规制工具金字塔的角度，综合利用法律、政策、指南和合同等规制工具，建构一个立体的、层层递进又相互勾连互补的 PPP 规则体系。

文件主要以部门规章及国务院、部委规范性文件为主，效力层级较低。[①] 推进过程中基于部门利益制定的各类文件体系性失调，影响了政府方项目实施的规范性和社会资本方介入 PPP 项目的积极性。由于顶层制度设计尚未完成，现有政策体系相互冲突，地方政府在推进 PPP 模式时呈现出项目识别不科学、项目准备不充分、项目采购不合法、项目执行不规范等问题。实施中凸显民营企业参与难、合作项目落地难、确定边界条件难、政府监管落位难等问题。而融资机构则存在“明股实债”“小股大债”“保底承诺”等违规操作行为。[②]

PPP 合同作为交易各方权利义务配置的载体，对于其法律属性、缔约过程、履约特权、争议解决等核心问题，一直未得学术意义上的深入研究，对于国家层面依法规范推广 PPP 模式产生了不利影响。PPP 法律规制“上位法缺失，下位法冲突”，增加了 PPP 项目落地难度，政府担保、变相融资等背离 PPP 本质定位的项目屡见不鲜，进一步扭曲了国家政策的实施目标，挫伤了民间资本进入基础设施领域的热情，降低了公共产品供应的质量和效率。

本书通过对于 PPP 合同功能、机制、价值方面系统的研究，证成

---

① 有研究者统计，PPP 相关规范性文件中通知类和意见类政策文件数量占样本政策总量的 94.3%，其中通知类政策文件占 59.2%，意见类政策文件占 35.1%；其余文种的政策文件共占 5.1%。参见柯洪、王美华、杜亚灵：《政策工具视角下 PPP 政策文本分析——基于 2014～2017 年 PPP 国家政策》，载《情报杂志》2018 年第 11 期。

② “明股实债”是指在项目资本金融资过程中，社会资本方引入金融机构，金融机构名义上以股权形式投资于大部分项目资本金，但是投资回报不与项目公司的经营业绩挂钩，而是与资金需求方签署回购协议并获取固定回报，实质是一种结构性的股权融资安排。“小股大债”指的是 PPP 项目资本金与注册资本之间的差额以股东借款的形式予以补足，注册资本比重远小于股东借款。“明股实债”“小股大债”模式存在固定回报、定期回购和提前退出的特征，从实质重于形式的角度来看，应当被界定为债务性融资方式，这与《国务院关于固定资产投资项目试行资本金制度的通知》中对项目资本金应属于非债务性资金的规定相违背。PPP 模式旨在吸引社会资本投资公共基础设施项目，公私双方开展市场化、透明化和长期化的合作，而项目资本金的债务性融资方式则偏离了 PPP 模式的本质。参见黎毅、邢伟健、魏成富：《规范运作背景下 PPP 项目资本金融资的反思与重构》，载《经济问题》2018 年第 8 期。

“PPP 合同是包含行政性因素的民事合同”，应由民法进行调整。借鉴英美法上的“近因理论”截取 PPP 合同各环节中最近的链条来确定其法律属性，依据“法律保留”原则甄别出 PPP 合同中的行政性因素并研究其对于 PPP 合同法律定位的影响。通过研究 PPP 合同订约、履约、违约救济各环节的特殊性，建立基于民法规范基础上的适应 PPP 合同的调整规则，对于 PPP 项目参与各方和社会公众明晰 PPP 合同的法律属性，适用的规制原则、争议的解决机制具有重要的理论意义和实践价值。

二、研究综述

一般认为，现代意义上的 PPP 模式发端于英国。使用者付费类特许经营和政府付费类购买服务是 PPP 模式的两种基本类型。英国是最早提出私人主动融资计划（Private Finance Initiative，PFI），通过政府购买服务引入私营部门投资承担公共基础设施建设的国家；法国是在基础设施和公用事业投资建设领域应用特许经营模式最为成熟的国家。此外，发达国家（地区）如澳大利亚、日本以及我国的台湾、香港等地，发展中国家如菲律宾等均将 PPP 作为提供公共产品和服务的重要工具，形成了较为成熟的操作流程及合同指南。

我国早在 20 世纪 80 年代就已经开始探索在基础设施和市政公用事业领域采用 BOT 模式与国外具有融资能力和建设经验的成熟企业进行合作。我国首例 BOT 项目是深圳市广深沙角 B 电厂项目；首部规范性文件为 1995 年 1 月 16 日，原对外贸易经济合作部发布的《关于以 BOT 方式吸收外商投资有关问题的通知》。长期以来，PPP 模式被当作公用事业领域招商引资的一种手段，经历数轮的发展和衰落。直至 2014 年末，以党的十八届三中全会通过的《中共中央关于全面深化改革若干重大问题的决定》为标志，以国务院发布《关于创新重点领域投融资机制鼓励社会投资的指导意见》（国发〔2014〕60 号）为纲领，PPP 模式被作为国家战略在公共服务和基础设施领域全面展开。

在 PPP 模式的源流、演进及发展研究层面，莱昂·狄骥（Leon Duguit）（1913 年）从国家治理理论的角度，指出国家主权理论的衰落，公共服务的概念取代了国家主权的概念，公共服务是现代国家的基础；[①] 彼得·德鲁克、米尔顿·弗里德曼是西方学术界推进基础设施民营化的先驱；[②] 萨瓦斯（1987 年）将“基础设施领域的公私伙伴关系”作为民营化的路径之一，分析了其合作形式和优缺点；[③] 休·柯林斯（1999 年）、A. C. L. 戴维斯（2001 年）研究了政府方通过合同进行公共治理的理论基础及其实现。[④]

国内学者的理论研究文献，行政法学者多将政府特许经营合同作为行政契约的一种重要形式展开研究。[⑤] 杨解君（2002 年）研究了契约在行政法中引入的必要性和制度构建；[⑥] 余凌云（2000 年）在其著作《行政契约论》中系统阐释了行政契约的比较法研究及其定义、功能和价值；孙少侠、施建辉、步兵等学者对于行政契约的订立、效力和履行等问题进行了专门研究；杨欣（2006 年）指出，在民营化路

---

① ［法］狄骥：《公法的变迁》，郑戈译，中国法制出版社 2010 年版，第 33～39 页。

② “民营化”也被称为“私营化”“私人化”“私部门化”，对其理解一般有广义和狭义的区分。广义的民营化是指由公共部门处理之事务转移到私营领域的各种不同现象；狭义的民营化指借转让公共部门财产的手段达成将公营事业所承担的公共任务转移私营部门的目标。关于政府与社会资本合作模式与民营化之间的关系，学界存在分歧：一是认为政府与社会资本合作模式就是民营化或私有化，如萨瓦斯（2002 年）等；二是认为政府与社会资本合作模式与民营化是两个完全不同的概念或治理模式，如 Hart（2003 年）等。民营化是市场治理模式，政府与社会资本合作模式是政府与市场合作的多中心治理模式，它介于市场和政府之间，并含有政府参与的多种形态的合作治理模式。民营化和政府治理是政府与社会资本合作模式治理的两极。参见吴志红：《公用事业规制法研究》，中国政法大学出版社 2013 年版，第 31 页；唐祥来：《PPP 模式的治理逻辑、工具属性及其绩效》，载《经济与管理评论》2016 年第 4 期。

③ ［美］E. S. 萨瓦斯：《民营化与公私部门的伙伴关系》，周志忍译，中国人民大学出版社 2002 年版，第 249～270 页。

④ 参见［英］休·柯林斯：《规制合同》，郭小莉译，中国人民大学出版社 2014 年版，第 332～350 页；［英］A. C. L. 戴维斯：《社会责任合同治理的公法解析》，杨明译，中国人民大学出版社 2015 年版，第 1～28 页。

⑤ 除非必要或特殊说明，本书写作上使用“行政契约”一词，并与行政合同、行政协议在同一语义上使用，并原则上遵照原引文献中的用语。

⑥ 杨解君：《论契约在行政法中的引入》，载《中国法学》2002 年第 2 期。

径的多重选择中，契约是核心载体；① 李霞（2015 年）作为行政法学者，在国内首次以公私合作为背景，研究了公私合作合同的概念、类型和性质。②

国内民法学者的研究文献，崔建远（2004 年）老师较早从立法论层面指出“公共工程特许合同”在法律性质上属于民事合同，并提出对于此类有政府一方作为主体的合同法律属性的判断，不应该囿于别国法的立场，而恰应考虑在中国法中的立场③；崔建远（2017 年）老师进一步认可存在纯粹的“行政合同”的基础上，指出应借鉴英美侵权法上的“近因理论”和法国行政法上的“直接执行公务说”，确定“行政合同族”的边界④，从而为在法律技术上如何处理涉及政府主体合同的法律属性提供理论工具；于安（2017 年）首次提出了将 PPP 合同内容区分为约定事项和法定事项，并采取不同的法律规范进行规制⑤；李亢（2017 年）以基础设施特许经营为对象，较为系统地对特许经营法律关系的属性、规制工具和框架构建进行了研究。⑥

三、研究方法

1. 跨学科研究法

本书是以 PPP 合同为研究对象的法学论著，但是鉴于 PPP 合同研究离不开 PPP 模式产生的国家治理理论的渐进发展对于 PPP 合同性质

① 杨欣：《变革与回应：民营化的行政法研究》，中国政法大学 2006 年博士学位论文，第 78 页。

② 李霞：《行政合同研究：以公私合作为背景》，社会科学文献出版社 2015 年版，第 143～170 页。

③ 崔建远：《行政合同之我见》，载《河南省政法管理干部学院学报》2004 年第 1 期。

④ 崔建远：《行政合同族的边界及其确定根据》，载《环球法律评论》2017 年第 4 期。

⑤ 于安：《我国 PPP 合同的几个主要问题》，载《中国法律评论》2017 年第 1 期。

⑥ 李亢：《PPP 的法律规制：以基础设施特许经营为中心》，法律出版社 2017 年版，第 136～196 页。

的影响。同时，PPP 的不同操作模式对于合同结构和定性亦有重要作用。因此，本书研究必然涉及跨学科研究的方法。由于公私协力跨学科、跨领域，属于跨学门的结合性概念，在不同的学科、不同的领域，研究的侧重点各异，对公私协力的适用范围、目的与目标、模式与类型等问题，各自运用不同的分析理论和工具，进行不同的概念界定，注入不同的内涵。[①] 正如“美国民营化之父”萨瓦斯教授观点，“没有单独哪一个学科能够抓住 PPP 的实质，对 PPP 的研究不仅应该整合那些不同的学科观点，而且还需要分析 PPP 那些尚未被关注的特征。现有的 PPP 理论在不同学科门类中存在被肢解和片面理解的趋势，不同国家的研究重点也各不相同”。从一级学科角度来看，大致包括法学、应用经济学、管理学等学科。而在法学学科项下，本书主要涉及民法学、行政法学及其程序法学科知识的交叉。

2. 功能分析法

功能分析法作为社会科学用来分析社会现象的一种方法，是社会科学研究常用的分析方法之一。它通过说明研究对象如何满足一个社会系统的需要来解释社会现象。

本书的写作，注重从 PPP 合同的功能来分析将其置于何种法律规制之下，既有利于发挥其吸引社会资本投入公共产品和服务供应，更有利于最大化地表达交易各方的真实意愿，最大限度地维护公共利益。从 PPP 合同的法律功能和社会效果出发，研究 PPP 合同的法律属性，剥离出影响判断的干扰因素，“截断”距离研究对象本质属性较远的法律链条，才能够遵循“和谐法治”的理念，调动一切有利因素，最大限度地统筹兼顾 PPP 合同各方的利益。

3. 文献研究法

鉴于 PPP 模式发端于英国，现主要在美国、澳大利亚、日本等国应用较为普遍，理论研究成果也相对丰富。为更高质量地完成学位论

---

① 吴立香：《“公私协力”（PPP）法律关系的结构化解析》，载《东南学术》2018 年第 6 期。

著，从比较法视角对课题进行研究。笔者申请了美国爱荷华（IOWA）大学为期4个月的访问学者项目。在美期间，利用其文献检索资源，包括重要法律检索数据库 Bloomberg Law、Hein Online、Lexis Advance 等，能够充分支持笔者完成国家治理、行政合同、公私伙伴关系等方面的英文文献检索工作。同时，利用国内的“中国知网”数据库检索了国内 PPP 合同研究的学术期刊和学位论文；利用“中国裁判文书网”“北大法宝”等法律数据库检索了新《行政诉讼法》及其司法解释实施以来，最高人民法院对于 PPP 合同的裁判文书，梳理出数据层面的裁判观点。

四、内容框架

本书研究了两个核心问题，从结构上分为上下两篇。上篇研究 PPP 合同作为典型合同纳入《民法典》合同编分则的正当性问题；下篇讨论 PPP 合同有名化后如何展开及落位问题。为了解决第一个问题，就需要回答 PPP 合同的法律属性问题和 PPP 合同有名化的必要性问题；为了解决第二个问题，就要回答作为嵌入行政因素的特殊民事合同，PPP 合同在订约、效力、履约和违约救济环节，需要确立哪些特殊规则来调整 PPP 合同关系。

从方法论上，在说明特许经营协议与 PPP 合同的涵射关系时采取的解释论立场：即具有行政法特征的契约是特许经营合同而非整体 PPP 合同；需要纳入行政诉讼程序调整的法律关系是特许经营关系而非整体 PPP 合同关系；特许经营权的授予仅限于需要向消费者收取使用费的项目，对于政府付费的购买服务类项目，PPP 合同中无须授予特许经营权。在 PPP 合同作为典型合同的条文设计时，采取立法论的立场，通过对于现有学者建议稿的评价，提出 PPP 合同的条文建议及理由。

从理论工具选择上，在证明 PPP 合同民事法律属性时，借鉴的是英美合同法上的“近因理论”和法国行政法上的“直接执行公务说”；在抽离出 PPP 合同中的行政性因素时，采用的是行政法上的“法律保留”

理论；在论证 PPP 合同有名化时，依照的是“和谐法治”理论。依照研究逻辑上的递进顺序，本书分为上下两篇，包含七章内容。

第一篇由第一章至第三章构成。指出 PPP 合同是嵌入行政因素的民事合同，PPP 合同应作为典型合同在合同法分则中进行规范。第一章在确定研究对象的基础上，分析了典型 PPP 合同法律关系的构成，指出其不同于一般民事合同的特征，包括政府方和社会资本方主体的法律适格性、公共服务和产品的范围以及公共利益对于合同关系的影响等。本章的重点在于阐释 PPP 合同的民事属性，指出国内研究学者在研究对象上的误区，即混淆了特许经营协议与 PPP 合同的概念。依据“近因理论”，PPP 合同的法律属性为包含行政因素的特殊民事合同。通过“法律保留”原则，抽离出 PPP 合同中行政法因素主要涉及三个方面：政府采购程序、特许经营权授予和政府方项目监管。而且上述三个环节的行政性行为亦通过约定内化为 PPP 合同的条款，因此 PPP 合同完全可以纳入民事法律范畴进行调整，各方均不享有合同约定之外的特殊权利。第二章在确定 PPP 合同的民事属性基础上，分析了 PPP 合同有名化的条件，即民事性、典型性和成熟性。第三章研究了将 PPP 合同有名化的理论和实践价值，认为 PPP 合同有名化既是和谐法治精神的内在要求，同时也是我国合同法进步的外在表现，应当纳入未来《民法典》或通过专门立法进行规范。

第二篇由第四章至第七章构成。研究了 PPP 合同作为典型合同在订立、效力、履行和违约救济等环节应适用的特殊规则。第四章研究了 PPP 合同的订约规则，包括平等原则、契约自由原则和诚实信用原则如何在 PPP 合同中落实和表达的问题。关于平等原则和契约自由原则，笔者认为 PPP 合同无论从形式上还是内容上都得到了保障。PPP 合同本质上的平等性，体现在双方合同目的的等价性。即政府方的合同目的为行政目标的实现和公众利益的维护，社会资本方的合同目的是通过项目运营可持续地获得合理投资回报。从这个意义上分析，PPP 合同中政府方所谓的行政性特权是保障其合同目的的手段，是服从于合同的平等性而存在的。虽然 PPP 合同的政府采购法定程序貌似削减了双方缔约的自由程度，但是鉴于采购流程和评分标准都具有确定性，社会资本方参与比选意味着双方基于自由意志选择了合同缔结的方式。PPP 合同订立是否适用缔约过失责任是一个值得讨论的法律技术问题，主要体现在构成要件和责任范围两个层面。

第五章研究 PPP 合同效力问题。包括三个方面：第一，基于德国行政法上的“双阶理论”，政府采购程序中的瑕疵是否对于已订立的 PPP 合同效力构成影响；第二，民法中关于合同无效的原因，在 PPP 合同中的适用；第三，PPP 合同是否得以撤销问题。

第六章研究影响 PPP 合同履行的两个因素：公共利益和行政特权。这两个问题既相互联系又彼此独立，维护公共利益往往是政府方行使合同特权的正当性基础，而公共利益自身还会影响合同的效力。对政府方合同特权的承认，是 PPP 合同能够成立并履行的前提，但是此类特权必须在合同条款中明示，内化为双方的约定，政府方作为 PPP 合同一方并不享有合同约定之外的特权。政府方任何合同约定之外的单向行使所谓“优益权”的行为，必须基于法律的明确授权，唯独在这种情况下，政府方的身份是行政主体而非 PPP 合同一方当事人。

第七章研究 PPP 合同的违约责任和救济渠道的选择。政府方承担违约责任的法律依据在我国现行法律框架内并不充分，且其承担违约责任的方式亦不明确：适用国家赔偿程序无论适用条件和责任限度都与民法意义上的违约责任无法协调。PPP 合同的争议解决方式是事关 PPP 模式能否顺利推进的核心制度安排。对于 PPP 合同中明确具有行政因素的争议事项，应该毫不回避地适用行政诉讼程序，但应该对于举证责任、调解的适用等制度进行完善。对于 PPP 合同中的其他争议，应该适用民事诉讼程序进行裁判。

本书的结论部分，在分析了梁慧星、王利明两位老师《民法典（草案）》学者建议稿中 PPP 合同文本的基础上，提出了修改建议和条文安排。

上　篇

PPP 合同有名化的证成

第一章

PPP 合同属性是嵌入行政性因素的民事合同

对于我国的政府和社会资本合作，国外或重要的国际组织称公私合营或公私伙伴关系，大多数情形下可用 PPP 模式统一之。概指政府部门通过与民间资本合作的方式共同提供本应由政府依职责提供的基础设施公用事业和公共服务。作为 PPP 模式的核心法律文件，PPP 合同的法律性质判定，在世界各国都是一个普遍存在的问题，而非中国独有。这是 PPP 合同中所包含的行政性影响因素的识别及影响程度的差异化所导致的。所以问题的解决作业过程，亦应关照本国法律现代化水平和法律体系协调性。但毋庸置疑的是，普通民事合同或民法视域下的合同理论是行政合同理论的起点和基础。所有讨论，都应该在这一基础上展开。

一、PPP 合同法律关系

（一）研究对象的确定：PPP 合同与特许经营协议

1. 政府和社会资本合作（PPP）的定义

由于各个国家所属法域不同，政治制度、经济发展水平千差万别，因此并不存在、客观上也不应该存在一个能够被普遍接受和认可的 PPP 定义。事实上，PPP 的形式是由不同的政策需求决定的。恰如有学者言：对于公私合作进行法教义学意义上的定义，“在法学和管理学领域都没有做到，而且似乎将来也很难做到”。[①] 在我国，国务院《基础设施和公共服务领域政府和社会资本合作条例（征求意见稿）》[②] 第2条规定：“本条例所称基础设施和公共服务领域政府和社会资本合作，是指政府采用竞争性方式选择社会资本方，双方订立协议明确各自的权利和义务，由社会资本方负责基础设施和公共服务项目的投资、建设、运营，并通过使用者付费、政府付费、政府提供补助等方式获得合理收益的活动。”其他PPP发展较为成熟的国家（地区）和国际组织对于PPP的定义如下。

（1）欧盟委员会：公共部门和私营部门之间的一种合作关系，双方根据各自的优劣势共同承担风险和责任，以提供传统上由公共部门负责的公共项目或服务。[③]

（2）世界银行：私营部门和政府部门之间就提供公共产品和公共服务签订的长期合同，根据合同，私营部门须承担实质性风险和管理责任，其收益和绩效挂钩。

（3）亚洲开发银行：为开展基础设施和提供其他服务，公共部门和私营部门主体之间可能建立的一系列合作伙伴关系。

（4）澳大利亚：政府与社会资本方之间就基础设施及相关公共服

---

① Joern Kaemmerer, Privatisierung, *Typologie – Determinanten – Rechtspraxis – Folgen*, Tuebingen, 2001, S. 66. 转引自赵宏：《德国公私合作的制度发展与经验启示》，载《行政法学研究》2017年第6期。

② 应该在PPP领域通过实体法形式确立国家推行PPP的价值导向和目标，是目前国内学者和专家的共识。财政部和国家发改委曾分别组织起草了规范PPP模式的法律文本并征求意见，其中财政部主导的立法名称为《政府和社会资本合作法》；发改委主导的立法名称为《基础设施和公用事业特许经营法》。2016年7月7日，国务院总理李克强主持召开国务院常务会议，明确要求由国务院法制办牵头，加快推进PPP相关立法进程，以更好的法治环境更大地激发社会投资活力。2017年7月21日，国务院法制办、国家发展改革委、财政部起草的《基础设施和公共服务领域政府和社会资本合作条例（征求意见稿）》及其说明全文公布，征求社会各界意见。

③ 王守清、柯永建：《特许经营项目融资（BOT、PFI和PPP）》，清华大学出版社2008年版，第20页。

务的建设、供应、运营、维护等方面进行的合作。

（5）法国：伙伴关系是一个行政契约，国家或国家之公务机构，透过此契约，于投资偿还期限或资金回收方式计算出在确定期限内，赋予第三人关于公共服务必须之设备、工程或无形资产之投资、建造、改良、保养、维持、开发或管理之整体任务。①

（6）日本：在公共设施的改进等方面高效且优质地引入私营部门，利用其资金、管理和技术，确保向国民提供低成本且优质的服务，促进国民经济健康发展。②

PPP合同是政府方和社会资本方就PPP项目的实施安排各自权利义务关系的法律文件，狭义上的PPP合同指单一的合同文本，可能有“项目协议”“项目合同”“基础设施合同”“投资契约”③ 等不同的称谓；广义上的PPP合同应为包含了项目合同、融资合同、建设合同、采购合同、运营合同和保险合同在内的一系列合同的总称，并不是一种独立、统一的合同形式，而是在公共事务管理中通过合理分配“风险—利益”所形成的政府和社会资本之间的长效合作机制。④ 本书中如无特别说明，PPP合同系在狭义语境上使用。

2. 政府特许经营

“特许经营”（franchise）一词，按照《元照英美法词典》的解释，是指政府授予个人或团体做某事的特权，而非公民普遍享有的权

① 吴秦雯：《鸟瞰法国行政法学之发展——国家角色转变之面向：单方管制迈向多元合作》，载我国台湾地区“行政法学会”：《行政契约之法理各国行政法学发展方向》，台北，元照出版有限公司2009年版。

② 日本引入PPP/PFI的标志性事件是其1999年7月颁布了《关于充分利用民间资金促进公共设施等建设的法令》。参见王天义、杨斌主编：《日本政府和社会资本合作（PPP）研究》，清华大学出版社2018年版，第1～8页。

③ 我国PPP规制文件中一般称项目合同，发改委《基础设施和公用事业特许经营管理办法》中称特许经营协议；经济合作与发展组织（OECD）在其《关于私人部门参与基础设施建设的基本原则》中称为基础设施合同；我国台湾地区的“促进民间参与公共建设法”中称为“投资契约”。

④ 刘尚希、王朝才：《以共治理念推进PPP立法》，中国财政经济出版社2016年版，第111页。

利；亦指使用名称、出售产品或提供服务的权利。可见其包含商业特许经营和政府特许经营两种方式。另有“concession”一词，专指政府授予的许可权、特许权。从国外 PPP 立法经验上看，concession 在特许权立法中使用频率较高。本书所使用的“特许经营”仅指政府授予经营基础设施或提供服务的许可，而不包含商业特许经营之情形。

政府特许经营是指在特定的基础设施和公共服务领域，由政府方根据法律规定，通过市场竞争机制选择投资人，并授权其在一定期限和范围内经营该公用事业产品或者提供某类服务的制度。特许经营的主要功能是为投资人收回投资并获得合理回报提供具有独占和排他性的市场准入机制，主要特征是：社会资本方取得特许权一般需要支付费用；一般有区域和时间限制；政府方实施这类许可一般有自由裁量权；社会资本方获得这类许可要承担相当大的社会责任。①

政府特许经营在世界各国都有较长时间的实践活动。在许多国家，公共服务由政府专属垄断提供或必须接受特别严苛的管控措施。如果需要政府方以外的实体提供某种公共服务，就需要得到由政府主管机构授予的授权文书，其法律形式既可以是单独的“特许证书”“特许经营协议”，也可以是在 PPP 合同中约定“特许经营”的专门条款。

（二）PPP 合同法律关系的构成

1. PPP 法律关系的主体

PPP 模式的提出和应用反映了公共产品和公共服务生产方式上的一种新的理念，它包含了公共部门通过竞争机制选择合适的私人伙伴，并与之合作共同分担风险、分享收益的过程。因此，在这个意义

① 国家发改委第25号令《基础设施和公用事业特许经营管理办法》第3条规定：本办法所称基础设施和公用事业特许经营，是指政府采用竞争方式依法授权中华人民共和国境内外的法人或者其他组织，通过协议明确权利义务和风险分担，约定其在一定期限和范围内投资建设运营基础设施和公用事业并获得收益，提供公共产品或者公共服务。

上，PPP 应纳入政府采购的视野。在 PPP 的法律关系中，主要参与者包括公共部门、私人部门、项目公司、社会公众、为公共设施的建设和运营提供产品或服务的承包商、融资机构以及为项目提供保险的公司等。PPP 合作价值的实现就是上述利益主体的互动过程。在这几类参与主体的相互关系中，最为核心的应是公共部门、私人部门与社会公众三者之间的关系。在我国，贯彻“坚持公有制为主体、多种所有制经济共同发展”的基本经济制度，应保障各种所有制形式的企业依法平等参与 PPP 项目，因此我国法律文件一般将公共部门称为“政府方”，将私人部门称为“社会资本方”。

政府和社会资本合作模式中各方的权利义务关系受到多种因素的影响。对于如何界定 PPP 参与各方的责任，新公共管理理论主张用市场取代政府来配置社会资源，政府职能应实现由“划桨”向“掌舵”的转变。萨瓦斯认为：“服务的提供或安排与服务的生产之间的区别是明显且十分重要的。它是整个民营化概念的核心，是政府角色界定的基础。”① 政府在 PPP 模式中主要角色是公共服务的发起者、组织者和管理者，而设施建设和服务提供可以通过合同外包、缺口补贴、特许经营等形式由社会资本一方来完成。政府和社会资本合作所指向的公共服务的属性决定了各方责任的不同安排模式，不同的 PPP 操作模式下各方主体责任边界亦不相同。尽管如此，具体到政府采购活动，各方的责任分担原则是比较明确的，即政府依然承担公共产品和公共服务提供的基本职能，确定采购服务的内容和质量标准，为公共服务支付对价，确保财政资金得到安全高效、物有所值地使用；而社会资本方则要按规定的进度安排交付基础设施、按约定的质量标准向政府提供公共服务；社会公众除具有消费和使用产品的权利之外，还具有对公共服务的质量进行评价和监督合同履行的权利。政府方和社会资

① 毛寿龙、秦虎：《采购公共服务与调整公共行政边界》，载《天津行政学院学报》2013 年第 6 期。

本方主要通过经营权的授予、合资设立项目公司实现双赢互动；政府方作为服务采购者与社会公众是一种权利上的代理关系，存在共同诉求；金融机构、保险机构、建筑业企业等项目参与方与社会资本方是一种民商事合同法律关系，可能包括借贷、承包、买卖、承揽等不同形式。

（1）政府方主体。PPP模式改变了公共服务的提供和公共产品的生产方式，但是却改变不了公共服务本身固有的属性。保证为社会公众或消费者提供合格公共产品和服务的终极责任依然由政府方来承担。在PPP模式中，政府方需从三个层面来定义自身的法定职责，即公共服务采购方、服务质量监督者、服务义务担保人。公共服务采购方是相对于社会资本方来说的，服务质量监督者是指对于公共服务提供全过程的动态监管和项目产出的绩效评价，服务义务担保人是指一旦社会资本方或项目公司没有履行应尽的责任和义务，或者提供的产品服务不符合质量标准时，政府方必须通过强制履行、替代服务甚至临时接管项目等方式向公众担保持续供给的义务。

我国《民法总则》第97条规定："有独立经费的机关和承担行政职能的法定机构从成立之日起，具有机关法人资格，可以从事为履行职能所需要的民事活动。"本条确立了机关法人作为特别法人的民事主体资格。[①] 机关法人有两种：一是有独立经费的机关；二是承担行政职能的法定机构。但应注意，机关法人不是一般的民事主体，应从事其履行职能所需的民事活动，与履职无关的民事活动是要受到限制的[②]。所以，只有同时满足具有独立经费和从事与法定职能有关的民

---

① 尚有学者认为，我国应建立"公法人"制度，且公私法人划分应以目的事业的公私为标准。参见李永军：《中国民法典总则编草案建议稿及理由》，中国政法大学出版社2016年版，第112～120页。

② 江必新、何东宁编著：《民法总则与民法通则条文对照及适用提要》，法律出版社2017年版，第48页。

事活动两项条件，才能够成为机关法人。[①]

对于PPP项目中“政府方实施机构”的范围，各国规定不尽相同。即使在我国，各类规范性文件的规定也存在差别。例如财政部认为只有政府职能部门和事业单位才是适格的政府方；[②] 而发改委认为行业运营公司和其他相关机构亦可作为政府方实施机构。[③] 可见行业运营公司、政府方的平台公司等是否能够作为实施机构，经政府授权订立PPP合同，代表政府方履行合同义务，行使监管权利，PPP主管部门之间尚有不同认识。但总体而言，发展改革部门规定的实施机构主体范围要比财政部门宽泛许多，财政部门对于适合采用PPP模式的项目要求和监管要比发改部门严格很多，这从两部委发布的系列文件中可窥一斑。国别层面，韩国、巴西、埃及、智利、俄罗斯、印度、澳大利亚等国均认可国有企业作为政府方的主体，但是韩国将公私合营的企业排除在公共部门之外。

值得注意的是，所谓政府和社会资本合作，意味着与社会资本方合作的另一方应为一级“政府”而非该级政府的某个机构。虽然PPP合同往往是由政府各职能部门作为“实施机构”与中选的社会资本方签订的，但实施机构缔结合同的权利是政府方授予的，例如，根据《基础设施和公用事业特许经营管理办法》第14条的规定：“县级以上人民政府应当授权有关部门或单位作为实施机构负责特许经营项目有关实施工作，并明确具体授权范围。”从这个意义上讲，PPP合同的权利义务主体应该是政府而非实施机构。进一步讲，政府各部门依

---

① 屈茂辉：《机关法人制度解释论》，载《清华法学》2017年第5期。

② 例如，财政部《政府和社会资本合作模式操作指南（试行）》（财金〔2014〕113号）规定：“政府或其指定的有关职能部门或事业单位可作为项目实施机构，负责项目准备、采购、监管和移交等工作。”

③ 国家发展改革委员会《关于开展政府和社资本合作的指导意见》（发改投资〔2014〕2724号）则规定：“按照地方政府的相关要求，明确相应的行业管理部门、事业单位、行业运营公司或其他相关机构，作为政府授权的项目实施机构，在授权范围内负责PPP项目的前期可行性论证、实施方案编制、社会资本选择、项目合同签订、项目组织实施以及合作期满移交等工作。”

据经政府联审会议审批通过的实施方案供应土地、批准规划等行为，既是行政审批行为，又是履行 PPP 合同约定的行为。

（2）社会资本方主体。如前所述，PPP 在其他国家（地区）或国际组织通常被称为公私伙伴关系、公私合营、公私协力等。但是考虑到我们国家公有制经济的主体地位，① 国有企业在经济建设中的重要作用，我们没有完全照搬既有 PPP 模式中关于“私人部门”的概念，而以“社会资本方”涵盖之。② 在当前国家大力推广应用 PPP 模式阶段，由于多数新项目包含建设内容，因此综合实力较强的总承包商，尤其是建筑类中央企业，通过联合体投标承担设计、施工、融资责任，成为主要的社会资本参与方和投资主体。据明树数据（www. bridata. com）显示，截至 2018 年 7 月，建筑承包商作为社会资本方的投资额占比为 70. 27%。③

关于社会资本方的范围，是指“已建立现代企业制度的境内外企业法人，但不包括本级政府所属融资平台公司及其他控股国有企业”。④ 对于公有制企业能否作为 PPP 项目的“社会资本方”，各国立

① 《中共中央关于全面深化改革若干重大问题的决定》指出：公有制为主体、多种所有制经济共同发展的基本经济制度，是中国特色社会主义制度的重要支柱，也是社会主义市场经济体制的根基。公有制经济和非公有制经济都是社会主义市场经济的重要组成部分，都是我国经济社会发展的重要基础。必须毫不动摇地巩固和发展公有制经济，坚持公有制主体地位，发挥国有经济主导作用，不断增强国有经济活力、控制力、影响力。必须毫不动摇地鼓励、支持、引导非公有制经济发展，激发非公有制经济活力和创造力。

② 社会资本这一概念由法国社会学家皮埃尔·布尔迪厄提出，此后有影响力的重要学者如詹姆斯·科尔曼、罗伯特·帕特南等从不同角度对这一概念进行了界定。参见蒲坚、孙辉、车耳、张偲：《PPP 的中国逻辑》，中信出版社 2016 年版，第 30 页。

③ 崔志娟、李雪：《PPP 规范政策下的投资合规风险管控》，载《会计之友》2018 年第 22 期。

④ 对于本级政府融资平台是否能够以社会资本身份参与 PPP 项目，根据《关于在公共服务领域推广政府和社会资本合作模式指导意见的通知》（国办发〔2015〕42 号）的规定：大力推动融资平台公司与政府脱钩，进行市场化改制，健全完善公司治理结构，对已经建立现代企业制度、实现市场化运营的，在其承担的地方政府债务已纳入政府财政预算，得到妥善处置并明确公告今后不再承担地方政府举债融资职能的前提下，可作为社会资本参与当地政府和社会资本合作项目，通过与政府签订合同方式，明确责权利关系。

法实践并不一致。新加坡和日本等国家规定公有制企业只有在取得政府方授权的条件下才能作为私人部门参与特定项目，而我国台湾地区并不禁止公有制企业参与 PPP 项目。①

（3）项目公司

为体现政府方和社会资本方的“伙伴关系”，双方往往要为 PPP 项目设立“特殊目的公司”（Special Purpose Vehicle，SPV）。于此情形下，项目公司亦有可能成为 PPP 合同的主体。项目公司虽非必须设立，但是考虑 PPP 项目需要长期合作和运营，成立专门负责实施项目的公司，有利于实现投资人风险隔离、项目融资和项目管理的专业化。

项目公司成为 PPP 合同主体的路径有两条：一是直接与实施机构订立 PPP 合同；② 二是由实施机构与中选的社会资本方订立 PPP 合同，待 SPV 设立后，由其“继承” PPP 合同权利义务。③ 项目公司可以由社会资本方单独出资设立，也可以由政府方与中选社会资本方共同出资设立，但是政府方在项目公司中持股比例不得高于 50%，且政府方出资代表对于项目公司经营不具有实际控制权。

项目公司之设立、存续，当受《公司法》之约束，自无异议。但是尚有学者认为因 PPP 项目公司系为完善基础设施、提供公共服务的特殊目的而设立，因此依其所提供公共产品独占经营程度之高低，应进一步对项目公司进行分类。④

---

① 丁保河：《中国 PPP 立法研究》，法律出版社 2016 年版，第 10 页。

② 《基础设施和公用事业特许经营管理办法》规定：实施机构应当与依法选定的特许经营者签订特许经营协议。需要成立项目公司的，实施机构应当与依法选定的投资人签订初步协议，约定其在规定期限内注册成立项目公司，并与项目公司签订特许经营协议。

③ 《政府和社会资本合作项目政府采购管理办法》（财库〔2014〕215 号）第 19 条规定：“项目实施机构应当在中标、成交通知书发出后 30 日内，与中标、成交社会资本签订经本级人民政府审核同意的 PPP 项目合同。需要为 PPP 项目设立专门项目公司的，待项目公司成立后，由项目公司与项目实施机构重新签署 PPP 项目合同，或者签署关于继承 PPP 项目合同的补充合同。”

④ 陈学辉：《政府参股 PPP 项目公司法律地位：理论反思与标准建构》，载《行政法学研究》2017 年第 5 期。

2. PPP 法律关系的客体

客体属于法律关系下的法概念，指权利、义务共同指向的对象。PPP 双方的法律关系混合着行政法律关系及民事法律关系，对客体的选择必须兼顾两类关系特性。民事法律关系的客体范畴与民法精神是一致的，即法不禁止即自由，而公法的精神是法无授权即禁止。因此，判断公私协力法律关系客体时，不仅着眼于民法，而且应侧重公法的有限授权，在满足客体一般职能的基础上，选择恰当的客体以满足公私协力行政性因素之特征要求。PPP 模式客体选择的具体原则。

第一，利益性。公私协力法律关系中，必须满足公部门“公共职能”的行使与私部门的“私利”：一是客体有公益性，公部门的选择要具有合法性基础；二是客体体现公权力，应是公权力可以指向的范围；三是体现商业利益性，必须满足私部门的商业利益性与公部门的合理利益诉求，这种利益可以是纯粹的公益或是包含某种商业利益。

第二，法定性。行政法律关系客体的范围必须是法律直接进行规定或是根据政府义务应由其提供的。这要求客体与主体的关系具有法定性，典型的如政府对公共设施有法定修缮义务。但在公私协力中，法定性原则应当保持一定弹性，即依据国家担保责任理论，国家有义务担保社会福祉履行之责任即可认为具有法定性、合法性基础，这种弹性可满足社会福利多样需求及公共协力领域的拓展性要求。

第三，被动性。行政法律关系主体的利益决定行政法律关系客体选择的范围，这不仅显示出客体利益性特征，更说明行政法律关系客体是处于被动位置上的“对象物”，具有被动性。客体的被动性决定公私协力中公部门有权变动或消灭客体，但这必须受制于法律规范与合同约定，这与单纯的行政法律关系中的公部门权限有区别，这也要求在选择公私协力客体时应保证公部门有足够的法源基础，赋予足够的变动权、撤销权。

在我国，目前 PPP 模式的应用领域依据行政主管部门的职能范围划分为基础设施和公共服务两部分,[①] 故 PPP 法律关系的客体是政府方和社会资本方以合作方式提供的基础设施和公共服务。按照联合国国际贸易法委员会的定义,"公共基础设施"系指向广大公众提供基本服务的有形设施,其既无竞争性也无排他性。[②] 在经济学概念中,"基础设施"(infrastructure)包括公路、铁路、机场、通信、水电煤气等公共设施,以及教育、科技、医疗卫生、体育、文化等社会事业,前者称为"经济性基础设施"(economic infrastructure),后者称为"社会性基础设施"(social infrastructure)。

同样由于部门管理权限划分的缘故,传统基础设施属发展改革部门主管,而与其密切关联的公用事业领域由住建部门主管。公用事业的概念虽然是最基本的,法律却从未给它下过定义。[③] 主要适用于政府负有提供责任又适宜市场化运作的公共服务、基础设施类项目。公共服务是人类发展的保障和内容,是指必须通过政府规范、监督及负责而完成的活动;且这些活动具有"非透过政府力量之介入即无法完成实现"的共同特征。PPP 模式产生的环境因素之一,就是国家越来越无法独立负担国家职能福利化背景下的全部公共服务,而需与私营部门寻求合作所致。

---

① 关于基础设施与公共服务的界分,在学界尚存争议。如富尔默(2009 年)对于基础设施的定义是:"由相互关联的实物组件所构成的系统,用以提高那些实现、维持或提升社会生活条件所必须的产品与服务。"参见[瑞士]芭芭拉·韦伯等:《基础设施投资指南:投资策略、可持续发展、项目融资与 PPP》,罗桂连译,机械工业出版社 2018 年版,第 12 页。

② 但是有观点认为,更多的公共产品或服务并不同时具备非竞争性和非排他性。某些产品具有非竞争性,但却具有排他性,成为俱乐部性的公共产品;某些产品具有非排他性,但它的使用量达到一定水平后又具有竞争性,成为拥挤性公共产品。这类产品具有公共产品的特征,但又不全然是公共产品,至多是准公共产品。这类产品可以不由政府独家提供,是适用 PPP 模式的首选。参见[英]格里塞姆、[澳]刘易斯:《PPP 革命:公共服务中的政府和社会资本合作》,济邦咨询公司译,中国人民大学出版社 2016 年版,第 6 页。

③ [法]让·里韦罗、让·瓦利纳:《法国行政法》,鲁仁译,商务印书馆 2008 年版,第 439 页。

根据成熟经验，适合以PPP模式实施的项目应具有以下特点：一是需要不断进行维修和养护；二是政府方能够对基础设施和公共服务的产出标准进行清晰的定义；三是风险能够在政府方和社会资本方进行合理的分配并得到有效执行；四是通过采购能够实现全寿命周期成本的测算；五是投资额大且重大复杂的项目。

3. PPP法律关系的主要内容

PPP合同体系主要包括项目合同、特许经营合同、项目融资合同、设计—采购—施工（EPC）合同、运营服务合同、原料供应合同、产品采购合同和保险合同等。项目合同是约束政府和社会资本方权利义务最为核心的法律文件。一个典型项目的PPP合同，应包含以下主要部分。

（1）合同主体条款。包括项目的实施机构、中选的社会资本方各自的法律适格性，特许经营权的授予；需要设立项目公司的，还需要明确政府方出资代表、政府方和社会资本方出资比例、股权结构和决策程序。

（2）合同标的条款。有新建项目内容的，需说明建设规模和服务标准；涉及存量资产做PPP项目的，应对存量资产按照《国有资产法》的相关规定进行评估。

（3）与时间相关的条款。涉及建设期、运营期和合作期的时长和调整，区分行业还可能包括试运营、缺陷责任期、质量保修期。

（4）与价款相关条款。包括项目总投资、建安费用、运营维护成本、年度可用性服务费、年度缺口补贴、建设期利息、税费承担等各自的范围和计算标准；具有收益的项目，还应该约定收费标准和调价机制。

（5）各方前期责任条款。包括政府方的供地义务、审批义务、提供基本建设条件义务等；对于社会资本方而言，则包括融资落实义务、供应商和承包商选定义务等。

（6）监管、评价与考核条款。包括项目日常监管、竣工验收、临时接管、绩效考核、移交考核等。

（7）风险转移条款。包括建设期保函、缺陷责任期保函、运营维护期保函和法律规定的强制性保险及双方约定购买的商业保险等。

（8）其他合同一般条款。包括合同的生效、违约、解除与终止以及争议解决条款等。

二、PPP合同的民事属性

在政府和社会资本合作中，政府方利益、公共利益与社会资本方利益能够和谐共存是PPP模式的最明显优势。但是民事和行政两种法律因素的共存，也是影响PPP合同法律属性判断的主要考量。确定PPP合同属性的主要依据，应当是各个国家各自的法律制度和法律实践，[①] 并需要服务于国家的政治经济发展。尤其在我国《行政诉讼法》已经确立了"行政协议"的概念和典型样式的实证基础上，应该通过细致的解释论作业，厘清PPP合同与政府特许经营协议的本质不同，为PPP合同的民事属性定位夯实理论基础。

（一）解释作业的核心：特许经营并不等同于PPP模式

1. 政府特许经营和PPP是两种不同的治理模式和资源配置方式

政府特许经营是政府方通过让渡基础设施和公用事业领域的经营权而换取公共产品和服务。政府特许经营的逻辑起点是市场失灵，需要政府提供公共服务，并进行管理。特许经营权的授予是政府行政管理的工具，允许社会资本进入基础设施和公共服务领域，政府通过特许经营协议对社会资本方进行管理，双方法律地位并不平等。PPP的逻辑起点即提供公共服务是政府、社会、市场等主体的共同责任，各方在PPP合同中处于平等地位，共同进行治理。政府和社会资本方合

① 于安：《我国PPP合同的几个主要问题》，载《中国法律评论》2017年第1期。

作关系的形成与维系，必须满足参与各方的激励相容条件，参与各方风险共担、收益共享。①

我国 PPP 立法过程亦印证了国家逐渐将政府特许经营与 PPP 相互区别，甚至逐步弱化特许经营的趋势。发改委曾主导起草《基础设施和公用事业特许经营法》并形成了意见稿；财政部亦主导起草了《政府和社会资本合作法》并形成意见稿。最终以六部委联合发文的形式先行出台的部门规章名称为《基础设施和公用事业特许经营管理办法》。值得注意的是，在 PPP 立法主导权逐步转移到法制办后，PPP 条例征求意见稿的规范名称为《基础设施和公共服务领域政府和社会资本合作条例》，而且该意见稿通篇没有提及“特许”字样，这种在立法过程中中断核心概念连续性的做法，在立法实践中是极少见的。②

2. 特许经营协议是非政府付费类 PPP 合同的组成部分

考察世界各国或地区的 PPP 规范文件，以社会资本方投资回报机制为标准，PPP 模式可以分为使用者付费、行政性缺口补贴和政府付费三种模式。③ 其中需要全部或部分向使用者收取使用费的模式中，政府方才需要授予社会资本方特许经营权，以保障其具有一定时间和地域范围内享有独占和排他性的经营权利。政府特许经营协议是指，行政机关在有限自然资源开发利用、公共资源配置以及直接关系公共利益的特定行业的市场准入等领域，与公民或者企业协商一致，授予其参与公共工程或者基础设施建设并进行运营维护的特许权的协议。④

---

① 刘尚希、王朝才：《以共治理念推进 PPP 立法》，中国财政经济出版社 2016 年版，第 19～24 页。

② 于安：《论政府特许经营协议》，载《行政法学研究》2017 年第 6 期。

③ 例如，依据日本的 PFI 法，其 PPP 分类亦包括使用者付费的“独立采算型”（Financially Free-Standing Projects），政府付费的“服务购入型”（Services Sold to Public Sector）和缺口补助的“混合型”（Joint Venture）。参见林淑馨：《日本推动民间融资提案（PFI）制度之经验与启示》，载我国台湾地区“行政法学会”：《现代行政之正当法律程序/公私协力与行政合作法治》，台北，元照出版有限公司 2014 年版，第 260 页。

④ 江必新、梁凤云：《最高人民法院新行政诉讼法司法解释理解与适用》，中国法制出版社 2015 年版，第 114 页。

为此情形，政府特许经营是一种特殊的行政许可。在市场准入和赋予特权等行政许可的实质要件上，特许经营与一般行政许可没有区别。[①] 所不同的是，政府特许以政府方与中选的社会资本或项目公司签订的合同为表现，是一种典型的双方行为。但双方缔结的特许经营协议所包含的权利义务关系涉及行政法律关系，其中国有资产处置、向使用者收取费用、限制竞争、保证最低使用需求等内容均对特许权协议的行政性产生影响。可见，政府特许经营协议是一种行政合同，它与民事合同的最大区别，在于其行政性。而政府特许经营协议的行政性主要源自协议主体的特定性、协议目的的公益性及协议适用规则的公法属性。[②]

关于特许经营与 PPP 的关系，国家发改委观点认为，我国的特许经营是在借鉴国际经验，并结合中国国情发展起来的基础设施和公用事业项目运作模式，可涵盖到 PPP 的所有领域，可以概括各类主要 PPP 模式。在基础设施和公用事业领域，特许经营即是 PPP，两者并无二致。[③] 具有成文法传统的绝大部分国家、地区都基于本地实际确定不同的立法名称。如日本的《关于利用民间资金促进公共设施完善的法律》，欧盟的《特许经营合同授予程序指令》，西班牙的《特许经营条例》，印度尼西亚的《特许权法》，我国台湾地区的所谓“促进民间参与公共建设法”。大陆法系国家的立法以特许经营为主，国

① 也有学者认为，我国《特许经营管理办法》将特许经营视为公共部门为了提供公共产品或者公共服务而与第三方实体之间订立的契约，而并非行政许可。且依据《行政许可法》的规定，该部门规章亦无权设立行政许可。这意味着，在基础设施和公用事业特许经营中，政府与特许经营权人之间并非市场规制者与市场主体之间的关系。特许经营协议并非市场准入协议，特许经营协议是政府作为采购者与作为服务提供者的私人部门实体之间签订的长期契约。参见周芬、张建刚：《特许经营的立法政策问题研究——以欧盟经验为例》，载《中央财经大学学报》2015 年第 12 期。

② 邢鸿飞：《政府特许经营协议的行政性》，载《中国法学》2004 年第 6 期。

③ 李亢：《PPP 的法律规制：以基础设施特许经营为中心》，法律出版社 2017 年版，第 43 页。

际社会以特许经营统领 PPP 立法的做法值得借鉴。①

上述观点颇有值得商榷之处。从本质上讲，PPP 是公共部门与私营部门合作提供公共产品的各种操作模式的总称。特许经营属于 PPP 的典型表达，是 PPP 的主要实现形式，但并不是 PPP 的全部模式。特许经营的正当性源于“自然垄断”和“资源稀缺”，② 但是 PPP 的正当性是源于公共利益的维护和实现。特许经营的实质是 PPP 实现架构的前设条件，以及支撑 PPP 合同对价的正当性基础。换言之，不是特许构成了 PPP 交易，而是特许的结果构成了支撑 PPP 交易的对价。PPP 的具体操作方式应由各个国家依据自身情况加以选择使用，例如，英国偏好政府付费类的购买服务方式，而法国则推崇特许经营的方式。在我国，对于新改扩建项目，PPP 的操作路径选择除特许经营之外，还包括政府购买服务和股权合作等方式；对于存量项目，PPP 模式除特许经营合同之外，还包括非特许经营的政府购买服务、租赁合同等形式。况且，列举若干国家以特许经营为主要模式进行立法也没有实质意义，因为很容易列举其他国家以 PPP 一般法的技术进行立法，包括巴西、俄罗斯、埃及等，甚而发改委作为主要论据的欧盟《特许经营合同授予程序指令》，其备忘录中亦明确特许经营属于 PPP 的一种形式。③ 此外，即使同为发展改革部门的政策观点，其前后表述也是矛盾的：在国家发展改革委 2016 年 10 月 24 日印发的《传统基

① 张治峰：《在基础设施和公用事业特许经营发展论坛上的发言》，载 http://fgs.ndrc.gov.cn/zttp/ppplftj/lftj/201607/t20160714_811248.html，最后访问日期：2017 年 3 月 10 日。

② 魏艳：《特许经营抑或政府采购：破解 PPP 模式的立法困局》，载《东方法学》2018 年第 2 期。笔者认为，特许经营的应用范围是十分有限的。结合特许经营制度的经济学分析，在法律概念上“特许经营”应当包含以下四个要素：首先，政府授权；其次，以合同的形式；再次，适用范围是自然垄断性质、稀缺资源等需要采用特许经营的领域；最后，经营风险的转移。

③ 根据该指令，特许经营合同与其他公共合同的主要区别在于特许经营的对价以及经营风险的转移。特许经营的对价是开发权或开发权与报酬的结合。任何消除或降低经营者风险的补偿或投资回报安排都不属于特许经营。

础设施领域实施政府和社会资本合作项目工作导则》中，明确“政府和社会资本合作模式主要包括特许经营和政府购买服务两类”。

此外，近几年 PPP 推行的经验总结和规范文件的表述，亦认为政府特许经营只是 PPP 操作方式之一，国家发展改革委员会《关于开展政府和社资本合作的指导意见》指出“政府和社会资本合作（PPP）模式是指政府为增强公共产品和服务供给能力、提高供给效率，通过特许经营、购买服务、股权合作等方式，与社会资本建立的利益共享、风险分担及长期合作关系”。特许经营主要应用于能够全部或部分通过“使用者付费”覆盖项目投资的经营性或准经营性项目，而对于没有经营收入，完全依靠政府付费收回项目投资的，一般不需要政府方授予社会资本方具有排他性和独占性特征的特许经营权。政府付费类 PPP 模式，源于英国的 PFI，由于公共服务难以锁定具体受益对象，进而通过向使用者收费回收项目投资，只能采用政府购买服务的方式，其供应商确定应纳入政府采购流程。政府购买服务类 PPP 模式与特许经营类 PPP 模式的合同属性、风险分担、模式选择等存在重大区别。[①] PPP 的内涵和外延更为宽泛，特许经营属于公私伙伴关系（PPP）的一种形式。

3. 将特许经营协议与 PPP 合同相互区分是国际惯例

虽然国际层面对于 PPP 的定义以及具体的操作模式各不相同，但是普遍认可政府特许经营是 PPP 诸多操作模式之一。因此，无论是单独签订抑或作为 PPP 合同的组成部分，将特许经营协议与 PPP 合同相互区分，是各个国家或国际组织的通行做法。

（1）联合国国际贸易法委员会《私人融资基础设施项目立法指南》指出：本指南使用的“项目协议”一词，系指某一公共当局和所选定的一个或多个实体之间为实施项目而签订的协议，此种协议规定

① 李开孟：《构建符合我国国情的 PPP 制度体系》，载《学习时报》2015 年第 11 期。

了对于有关基础设施进行建设或现代化更新、运营和维护的条款和条件。有些法律制度使用其他词语来指称此种协议，如“特许协议”或“特许合同”，但本指南中并不使用这种叫法。

（2）欧盟2014年制定的《特许经营合同授予程序指令》在其备忘录部分非常明确地界定了PPP和特许经营的关系，即特许经营是PPP的一种形式，另一种形式是政府采购。该指令对特许经营和政府采购进行了区分：一方面，风险负担是区分两者的关键因素。特许经营要求将特定的经营风险转移给特许公司，在正常运营条件下，不能保证其能够收回成本。经营风险指市场变化风险和当事人无法控制的风险，而非一般合同中共有的管理风险、合同违约风险等。如公共机构向特许经营人提供担保，消除部分收回成本风险，则不能被视为特许经营，而是政府采购。另一方面，由付款来源进行区分已经不再绝对。欧盟原先认为，只有使用者付费项目才是特许经营，而根据该指令，即便一些由政府付费的项目也能被视为特许经营。① 虽然特许经营合同占据PPP合同较大的比重，但其并不能代表和涵盖所有的PPP模式。②

（3）巴西2004年12月30日开始实行《公私合营模式法》，该国的PPP甚至仅指政府方付费项目，包括政府付费机制下的行政性许可项目和可行性缺口付费机制下的自主许可项目。而纯粹使用者付费项

① 有研究者根据欧盟重要法律文件和讨论议程的时间节点，将其划分为三个阶段：特许经营的提出与混乱期、特许经营的大讨论期以及特许经营的明确与立法期。第三阶段的典型立法成果即为2014年的《特许经营合同授予程序指令》，该指令不但明确了PPP包含特许经营和政府采购等形式，还将“公共工程特许经营”和“公共服务特许经营”纳入统一的框架内界定，指两者是“以书面形式签订的经济利益合同，通过这些合同，缔约当局或缔约机构委托一个或多个经营者执行工程/服务，其代价要么仅开发利用作为合同主体的工程，要么附带收费权”。当然，“公共工程特许经营”和“公共服务特许经营”之间仍有区别，两者的区别主要在于合同标的，前者主要为项目的建设和运营，后者则为提供服务和管理。参见裴俊巍：《欧盟特许经营立法研究——演变逻辑与核心议题》，载《西南政法大学学报》2018年第3期。

② 喻文光：《PPP规制中的立法问题研究——基于法政策学的视角》，载《当代法学》2016年第2期。

目则属于特许权范畴，受特许法管辖。①

（4）《日本关于利用民间资金促进公共设施完善的法律》将非特许经营类PPP合同称为“项目合同”，而将特许经营类PPP项目合同称为“公共设施运营权实施合同”。公共设施的管理者可以为选定的投资者设定公共设施运营权，所谓“公共设施运营项目”是指作为特定项目，由投资者对公共设施进行运营，将对国民提供服务收取的使用费作为收入进行收取的项目。

4. 我国《行政诉讼法》调整对象是特许经营协议而非PPP合同

修订后的《行政诉讼法》明确将行政机关不依法履行、未按照约定履行或者违法变更、解除“政府特许经营协议”纳入行政诉讼受案范围，随后施行的2015年司法解释第11条规定：“行政机关为实现公共利益或者行政管理目标，在法定职责范围内，与公民、法人或者其他组织协商订立的具有行政法上权利义务内容的协议，属于行政诉讼法第十二条第一款第十一项规定的行政协议。”② 这是我国在法律层面首次明确了行政合同概念，并确立了行政合同的可诉性。

虽然法律规定十分明确，纳入行政诉讼程序调整的是“政府特许经营协议”而非政府和社会资本合作（PPP）合同，但是由于我国大

① 傅宏宇、张秀：《政府和社会资本合作（PPP）法律问题国别研究》，中国法制出版社2016年版，第9页。

② 本条系最高人民法院《关于适用〈中华人民共和国行政诉讼法〉若干问题的解释》（以下简称《若干解释》）之规定。但是2017年11月13日，最高人民法院审判委员会第1726次会议通过了《关于适用〈中华人民共和国行政诉讼法〉的解释》（以下简称《行诉解释》）自2018年2月8日起施行。本解释施行后，最高人民法院《关于执行〈中华人民共和国行政诉讼法〉若干问题的解释》（法释〔2000〕8号）、最高人民法院《关于适用〈中华人民共和国行政诉讼法〉若干问题的解释》（以下简称《适用解释》）（法释〔2015〕9号）同时废止。江必新院长在新闻发布中指出，《行诉解释》是对《若干解释》和《适用解释》的全面覆盖，《行诉解释》实施后，前述两项司法解释相应废止。《适用解释》中关于行政协议的部分，最高人民法院2018年出台了专项的司法解释。在此期间，人民法院审理行政协议案件，可以参照《适用解释》相关规定的有关内容，在适用法律方面可以援引行政诉讼法、民事诉讼法以及合同法的有关规定。

规模推行 PPP 模式时间尚短，且恰与《行政诉讼法》修订时间重合，加之缺乏上位法的规范定义，终在理论和实践层面形成了“PPP 合同争议需适用行政诉讼程序”的错误认识，导致项目各方主体、尤其是社会资本方的焦虑和不安。

政府特许经营类型 PPP 模式，本质上适用于使用者付费类 PPP 项目。判断政府方和社会资本方签署的项目合同是否属于特许经营合同，主要考察以下条件：一是社会资本方通过运营项目向使用者收取服务费实现收益；二是由社会资本方承担该投资、建设、运营和维护的商业风险；三是社会资本方具有独占和排他性经营的权利。如果政府承诺社会资本方获得固定回报或者保底收益，社会资本方并不承担该项目的商业风险，该合同不属于特许经营合同。如果建设费用和服务费用实质上由政府承担，社会资本方并不向直接使用该服务的用户收取费用，政府方没有必要授予社会资本方特许经营权，该合同也不是特许经营合同。政府在授予社会资本方经营权的同时，通过可行性缺口补贴的方式对公共服务及基础设施运营维护成本进行补贴，部分项目投资需由使用者承担，这种情况下政府方仍应保证社会资本方的经营权是特许的。

5. 特许经营协议边界及约束

关于特许经营权授予的形式，目前各个国家主要有两种模式：一种是行政许可，即政府通过颁发授权书的形式许可特定的经营者从事基础设施公用事业经营和服务；[①] 另一种是由政府和私营部门签订特许经营合同，经营者依照合同经营基础设施、提供公共服务。如前所述，特许经营协议是行政合同的一种典型样态，也是 PPP 合同具有行政性特征的主要原因。但是无论是基于行政许可的特许经营，还是以订立合同方式实施的特许经营，都应该与 PPP 模式、PPP 合同有着严

① 例如，《深圳市公用事业特许经营办法》即采用行政许可方式，该办法第 2 条：本办法所称公用事业特许经营是指市政府特别授权许可符合条件的企业或其他组织在一定时间和范围内经营某项公用事业。

格的界限并得到约束。

（1）特许经营并不是PPP模式的全部操作形式。依据世界银行的分类标准，广义PPP分为服务外包、管理外包、租赁、特许经营、BOT/BOO和剥离六种模式。前述国家发改委PPP项目工作导则亦认可政府和社会资本合作模式主要包括特许经营和政府购买服务两类。可见，特许经营虽为PPP的一种重要形式，但并不等同于PPP模式。

（2）广义特许经营协议内容并非全部具有行政性特征。鉴于PPP项目可能采用特许经营以外的方式进行，特许经营协议并不会成为PPP合同的全部内容，自是应有之义。即使是那些采用了特许经营方式实施的PPP项目，继而双方的合意被冠以“特许经营协议”之名，此处我们姑且称为“广义的特许经营协议”，其内容也并非全部都具有行政性。我国现阶段规制PPP模式位阶最高的法律文件，是国家发展改革委等六部委联合发布的《基础设施和公用事业特许经营管理办法》，该办法第18条规定：“实施机构应当与依法选定的特许经营者签订特许经营协议。”特许经营协议共包含了17项内容。①

可以看出，第一，前述规定将实施机构与特许经营者签订的协议命之为“特许经营协议”，但是其本质是约束项目全过程权利义务安排的“PPP合同”；第二，该“特许经营协议”的核心条款并非全部具有行政法特征，大致可以分为三类：①典型的行政协议条款。例如，特许经营方式、区域、范围和期限，政府关于限制竞争的承诺和保障等；②具有行政特征，但是可以通过双方的约定，内化为合同约

① 这17项内容分别是：（1）项目名称、内容；（2）特许经营方式、区域、范围和期限；（3）项目公司的经营范围、注册资本、股东出资方式、出资比例、股权转让等；（4）所提供产品或者服务的数量、质量和标准；（5）设施权属，以及相应的维护和更新改造；（6）监测评估；（7）投融资期限和方式；（8）收益取得方式，价格和收费标准的确定方法以及调整程序；（9）履约担保；（10）特许经营期内的风险分担；（11）政府承诺和保障；（12）应急预案和临时接管预案；（13）特许经营期限届满后，项目及资产移交方式、程序和要求等；（14）变更、提前终止及补偿；（15）违约责任；（16）争议解决方式；（17）需要明确的其他事项。

定的条款。例如，项目公司的经营范围、注册资本、股东出资方式、股权结构、股权变动限制，所提供产品或者服务的数量、质量和产出标准，设施权属以及相应的维护和更新改造等条款；③典型的民事合同条款。例如，投融资期限和方式，履约担保等条款。

（3）行政法意义上的特许经营协议应该具有严格边界。如果是以行政许可方式授予特许经营权，授权书应载明下列主要事项：①授权人、被授权人；②实施特许经营的范围和期限；③收费标准及价格调整；④公用设施的权属与处分；⑤特许经营权的收回。

如果是以签订特许经营协议的方式授予经营权，则其中具有行政法意义的条款应被限定为：①特许经营方式、区域、范围和期限；②政府方排除不必要竞争的承诺和保障；③应急预案和临时接管预案等。

（4）PPP 协议中政府方特权的约束。通过以上分析，在 PPP 协议中，作为其行政性特征的表达，政府方对合同内容单向行权的调整只能基于两项正当性理由：一是对于特许经营许可内容的违反；二是基于保护公共利益的需要。除此之外，政府方均不得以行使行政权力的方式单方对合同内容进行变更、撤销或解除。

6. 特许经营协议对 PPP 合同法律属性的影响

（1）PPP 合同中的特许经营协议具有行政性特征

公私合作过程是由一系列合同构成的合同体系。公私合作视实施方式的不同而呈现多种形态：将部分国有资产出售的 TOT 模式，涉及国有资产出让合同或股权转让协议；以政府直接投资与社会资本方合作新设项目公司的，则涉及股东投资等。若是契约型的公私合作，可能是简单的服务外包合同、交钥匙合同或租赁协议等。但在众多合同种类中，许可型公私合作中所涉及的许可合同往往被认为是最重要的公私合作合同。一个典型的公私合作过程可以分解为多个合同，而特许协议是最典型的公私合作合同。[①] 对于特许经营类PPP项目，提供公共服务的社会资本向使用者收费所获得的收费权，本质上属于政府采购与公共服务的一种对价。

对特许协议性质的讨论本身与行政合同的界定、行政合同与民事合同的区分等有密切关联，学界对此的争论也可谓是旷日持久。不管是参照德国的标的说、目的说、主体说还是我国法官实践中经常使用的有无行政优益权，有无超越民事合同的内容约定等标准，在具体应用时都面临难以判断、存在不确定性等问题。

（2）非特许经营的PPP合同，也有部分行政性的条款

就实际意义而言，界分行政协议与民事合同的根本原因在于，这两类法律行为存在一些本质的差异，因而需要发展或构建调整这两类合同的不同规范体系。如果行政协议与普通民事合同完全可以运用相同的法律规则进行调整，那么勉强区分就完全成了无意义之事。[②] 英美法系国家的政府合同制度及其实践已经给出了这一启示。在英美法系国家，没有大陆法系国家所谓的行政合同的概念，也不存在民事合同与行政合同区分之理论，而是将所有由行政机关与他人缔结的契约统称为政府合同，起码现在看来，这也并没有影响政府方通过合同的方式履行公务，实现并维护公共利益的职责所在。

特许经营并不是PPP合同的全部内容，甚至不能够成为主要内容，其更应该被理解为是政府方能够从社会资本方获得资金、公共服务、产品而付出的对价。此外，无论项目是否以特许经营方式实施，即使是其他操作模式的PPP合同中也都保留了政府方的行政性权力或称为“特权”，而且行政机关权力的行使是单向的，具有优越性的，是以行政法为依据的，这是采用民事合同理论无法解释的。

---

① 陈无风：《公用事业领域的公私合作治理研究》，载中国行政法学研究会2015年年会《行政法学与加快法治政府建设论文集》。

② 蔺耀昌：《行政契约效力研究》，法律出版社2010年版，第8页。

例如，我国财政部主导编制的《PPP项目合同指南》中，PPP项目合同的核心条款中，包含了“政府方的监督与介入”条款；[①] 同样，由国家发展改革委编写的《政府和社会资本合作项目通用合同指南》在其核心条款中同样约定了“政府方临时接管”的触发条件、实施程序等内容。[②] 该指南PPP项目合同文本由合同正文和合同附件共同组成，合同指南主要反映不同行业PPP合同的一般性要求，适用于不同模式合作项目的投融资、建造、运营和维护、移交等全寿命周期，对于不同行业领域具有较强的通用性。

（二）PPP合同纳入合同法调整的正当性

PPP合同作为体现项目各方权利义务关系的载体，确定其法律属性和规范基础具有重要实益。通说认为，区别公法与私法的标准包括利益说、从属规范说、主体说和特别法规说等。[③] 无论采取何种学说，民法系属私法当无争议。而民法的主要特征及规范意义在于自由与平等，即个人能够自主决定意思，自我负责地形成彼此间的权利和义务关系。从这一本质特征出发，PPP合同是否应纳入民事法律调整，就是要看PPP合同各方在多大程度上能够基于自主意思，平等约定和安排其在合同中的权利义务。

---

① 财政部的《PPP合同指南》是我国目前推广PPP模式广泛使用的合同示范文本，因此其合同条款和合同结构在大量项目中被不加修改地使用。核心条款包括：1. PPP项目合同概述；2. 引言、定义和解释；3. 项目的范围和期限；4. 前提条件；5. 项目的融资；6. 项目用地；7. 项目的建设；8. 项目的运营；9. 项目的维护；10. 股权变更限制；11. 付费机制；12. 履约担保；13. 政府承诺；14. 保险；15. 守法义务及法律变更；16. 不可抗力；17. 政府方的监督和介入；18. 违约、提前终止及终止后处理机制；19. 项目的移交；20. 适用法律及争议解决。

② 发改委版的《政府和社会资本合作项目通用合同指南》采用模块化的编写框架，共设置15个模块、86项条款。原则上，所有模式项目合同的正文都应包含10个通用模块：总则、合同主体、合作关系、项目前期工作、收入和回报、不可抗力和法律变更、合同解除、违约处理、争议解决，以及其他约定。其他模块可根据实际需要灵活选用。例如，建设—运营—移交模式的项目合同除了10个通用模块之外，还需选用投资计划及融资、工程建设、运营和服务、社会资本主体移交项目等模块。

③ 王泽鉴：《民法概要》，中国政法大学出版社2003年版，第1~3页。

1. 理论层面的正当性

关于PPP合同本身是否应当纳入《合同法》调整，国内尚鲜有学者论及。更多的观点是研究政府特许经营协议作为PPP的一种重要模式，同时也是我国行政诉讼程序确认的“行政协议”是否应纳入《合同法》进行规制。主要观点分述如下。

第一种观点认为特许经营协议属于行政合同，但是可以纳入合同法进行规制。在《合同法》起草过程中，一部分行政法学者建议将行政合同作为民事合同的一种特殊形态，为规范行政合同行为，在《合同法》中以专章形式加以规定，但因民法学者持反对意见而未能实现。持此观点的行政法学者主要是余凌云教授，而持较为明确反对立场的民法学者包括梁慧星老师和王利明老师。[①] 而崔建院老师虽承认存在纯粹的行政合同，但是反对现行法中关于行政协议的范围和边界扩大化的趋势。

第二种观点认为特许经营协议属于行政合同，且应纳入行政法进行规制。持此观点的学者不同意将行政合同作为一章规定在《合同法》中，认为将其规定在《行政程序法》中更为合适。理由为行政合同在行政法学中是作为行政行为的一种新的类型来定位的，就其本质而言是行政机关将合同的方式应用到行政管理过程中来。因此，在行政合同的订立、履行过程中，仍然要遵循行政权力运行的基本规则，将之放在规范行政权的基本法中规定更为合适。《行政程序法》中对行政合同在合同特性方面的未尽事宜可以适用《合同法》的规定。[②]

第三种观点认为，行政合同作为行政行为还是民事行为的定性，

① 余凌云教授主张“只要能够为民商法原理与规则很好调整的契约，一律不必强行贴上行政契约的标签”。参见余凌云：《对行政契约的三点感悟》，载余凌云主编：《全球时代下的行政契约》，清华大学出版社2010年版，第9页；梁慧星：《讨论合同法草案征求意见稿专家会议上的争论》，载《法学前沿》（第2辑），法律出版社1998年版；王利明：《合同的概念与合同法的规范对象》，载《法学前沿》（第2辑），法律出版社1998年版。

② 王万华：《中国行政程序法典试拟稿及立法理由》，中国法制出版社2010年版，第412页。

在规则适用上，并不必然严格对应行政法体系或者民法体系，应当从功能上来看哪一种解决方式对于实现法律价值更为有效，[①] 而无法直接从合作原则中导出特定结论。[②] 单纯将 PPP 合同定义为民事合同，则忽略了其公共利益保护的功能；如果单纯将其定义为行政合同，则又不利于投资者利益的维护。故有学者认为应将 PPP 合同定义为混合合同，或可称为民事行政合同。[③]

第四种观点认为 PPP 特许经营协议既非民事合同，也非行政合同，而是关于劳动力孳息同创共享的经济合同。[④] 作为一种公私合作经营合同，特许经营协议核心问题并非是行政管理，而是提高社会经济效益，以为社会提供基础设施和公共服务、最终实现公私合作共赢为目标，属经济法上的公私“合作协议”。基于 PPP 的公共性，载“整体”的特许经营协议履行时，离不开经济法上的财政补贴、税收优惠、金融保障、产业扶持、竞争规制等诸多制度安排，甚至上述经济法制度会直接影响 PPP 项目的启动、持续和完成，而这些补贴、优惠、保障和扶持，则体现了公共部门的职责以及公私两个部门能够合作的前提，并且与上述制度安排相对应的是经济法上的经济调制权，而非行政法上的行政管理权，因此，应超越传统行政法，从经济法的维度进一步认识特许经营协议的性质与定位。统筹兼顾公私利益，并注重增量利益中的公私利益是其本质所在，也是界定其法律性质的关键。具有公私结合性质的经济法才是 PPP 立法理念的理性选择。[⑤]

---

① 骆梅英：《通过合同的治理——论公用事业特许契约中的普遍服务条款》，载《浙江学刊》2010 年第 2 期。

② 詹镇荣：《行政合作法之建制与开展——以民间参与公共建设为中心》，载我国台湾地区“行政法学会”：《行政契约之法理各国行政法学发展方向》，台北，元照出版有限公司 2009 年版，第 122 页。

③ 肖建华、黄华珍：《论政府与社会资本合作之善治——PPP 合同的性质与纠纷解决路径》，载《广西大学学报》（哲学社会科学版）2018 年第 2 期。

④ 陈阵香、陈乃新：《PPP 特许经营协议的法律性质》，载《法学》2015 年第 11 期。

⑤ 李楠楠：《论经济法理念与 PPP 的契合性》，载《哈尔滨商业大学学报》（社会科学版）2018 年第 1 期。

分析以上观点，虽然各有道理，但是实质上对于解决PPP合同的规制问题并无实益。对于解决PPP合同的规范落位问题，则更是少有助益。在现代法律体系中区分公法和私法的调整范围，其实是体现国家对于法律规范整合、社会秩序需求和实现机制选择的过程，并不存在应然和必须的统一标准。但是在行政性权力日趋淡出经济和社会生活的情境下，对于公法调整的范围毋宁采取“负面清单”进行管理，即只有明确须有国家干涉或行政权力的行使方能处理的行为以外，均应纳入民事法律范畴进行调整。① 由此展开，PPP合同关系由民事法律进行规范并不存在法理上的困难。

第一，PPP合同具备民事合同的形式要件。PPP合同的全部内容，无一例外都是政府方和社会资本方在意思自治基础上，通过平等协商确定的。这种平等，是法律适用上的平等而非社会身份上的对等。社会资本方在做出是否参与PPP项目采购的经营决策时，其意思表示是完全自由的；即使报名参与了资格审查，社会资本方在购买了招标文件后，仍然有机会通过对于招标文件的分析决定是否投标以及采用何种策略投标；PPP合同的核心条款是招标文件的组成部分，因此社会资本方在决定投标之前，对于合同内容也是清楚的；社会资本方中选后，双方还须进行合同确认前谈判，此时其仍然具有就合同细节与政府方谈判的权利，以及决定是否缔约的权利。可见，PPP合同缔结的全部过程，各方均是在意思自由和自我负责的状态下行为的，并不存在公权力的身影。

政府方和社会资本方之所以能够合作实施PPP项目，正是基于彼此优势差异互补的可交换性。虽然PPP合同中约定了一些政府方主体单方享有的、基于公共利益需要解除合同、接管项目等行政性权力，但是这些权力的行使条件、行使范围、补偿标准等事项仍然是双方约

---

① 参见蔡立东：《“平等主体关系说”的弃与留——未来〈民法典〉调整对象条款之抉择》，载《法学论坛》2015年第2期。

定的。社会资本方“容忍”这些特权的存在，与其说是提供公共产品、维护公共利益的企业“社会责任”的需要，毋宁说是企业为谋取中标获取经营收益所必须承担的合同对价。而且政府方所享有行政优益权是一种有节制有对价的权力，并不是不受限制、没有边界限制的特权，这种优益权制度至少是受到社会资本方盈亏平衡原则制约的。即如果政府方优益权的行使将使社会资本方丧失经营利益的，要么政府方应给予补偿，要么进入争议解决程序。

社会资本方设计、建设、运营、维护 PPP 项目的全部投资构成获取长期稳定合理回报或者取得特许经营权的对价。这一交易的基础法律关系是民事属性的。① 至于合同中没有约定，政府方基于社会资本方的违法行为而实施的行政处罚等高权行为，则完全是法律的授权所致。于此情形，政府方行政性权力的行使与其合同当事人的身份并无关联。所以，PPP 合同中政府方主体并不享有合同约定及法律规定之外的任何“特权”。

第二，PPP 合同可以在合同法规范中自洽。PPP 合同的法律属性判断，其核心原则只能是，将其置于何种法律体系进行规范，更有利于实现 PPP 的功能和价值，更有利于保障国家政策目标的实现。

一种法律关系的属性应与其所在国家整体法律体系相兼容。就中国法框架而言，由于特许经营协议已经由《行政诉讼法》确立了其“行政协议”的法律属性，刻意回避或者强行将其拉入民法体系，都是对实证法权威的损害，而将 PPP 法律关系整体纳入行政法，又完全无法实现大量平等主体间的自由约定在以单方行为为基本特征的行政规则中的自洽。从这个意义上讲，讨论 PPP 合同是民事合同还是行政合同是没有意义的伪命题。因为 PPP 本身代表了政府和社会资本的一种合作关系，这种关系依照合作中政府行政角色的强弱，行政特权的多寡，大致包含了从服务外包到完全的私有化区间的所有可能形式。

---

① 参见易斌：《PPP 项目法律实务解读》，中国建筑工业出版社 2016 年版，第 114 页。

也就是说，PPP 合同既可能是一个纯粹的民事合同，也可能是一个典型的行政合同，而大多数时候，它是以一种包含了一定程度的行政行为的民事合同。

第三，PPP 合同置于《合同法》调整，是把握立法机遇，执行国家战略的需要。将有助于我国推广应用 PPP 模式，进而提高公共产品的供给效率，有效利用社会资本缓解地方政府债务压力。立法技术上，无论是在《合同法》中设专章进行规定，抑或单独进行 PPP 合同立法，对于该类合同“以适用民事规范为原则，适用行政法规范为例外”的本质没有影响。

依照社会学解释方法，[①] 其重点在于对每一种解释可能产生的社会效果加以预测，然后以社会目的衡量，何种解释所产生的社会效果更符合社会目的。从追求立法价值服务于国家经济建设中心的角度出发，目前我们面临着统一民法典编制和 PPP 国家立法的重大历史机遇期，[②] 将 PPP 模式的项目发起、识别、采购、执行、移交流程和监管在 PPP 立法中予以明确，将 PPP 合同在民法典中作为典型合同进行定位，实现一般法与特别法的相互协调，将极大助力我国在公共服务和基础设施领域推广规范 PPP 模式，为我国经济持续健康发展提供法律支持和制度保障。

第四，PPP 合同行政性因素并不影响其民事属性。政府特许经营协议是我国《行政程序法》中明确的行政协议类型，但是特许经营并不是 PPP 的全部模式，特许经营协议也不是 PPP 合同的全部内容。PPP 合同是政府方和社会资本方为合作提供公共产品及服务就项目的

---

① 社会学解释，指将社会学方法运用于法律解释，着重于社会效果预测和目的衡量，在法律条文可能文义范围内阐释法律规范意义内容的一种法律解释方法。参见梁慧星：《民法解释学》，法律出版社 2015 年版，第 239～244 页。

② 根据国务院办公厅关于印发《国务院 2018 年立法工作计划的通知》，为贯彻新发展理念，建设现代化经济体系，将制定《基础设施和公共服务领域政府和社会资本合作条例》。

融资、建设、运营、移交各环节达成的合意，PPP合同是针对这种项目管理模式或项目融资模式而需要的一系列合同的有机联结。至少包括特许经营合同、建设工程合同、运营维护合同、采购供应合同、保险合同等。PPP合同当事人主要适用民事法律规范来约束、调整和评价其行为，是不争的事实。

2. 法律适用层面的正当性

（1）中国大陆立法实践

鉴于公私合作伙伴模式涉及的往往都是公用基础设施项目，利益主体多元、牵涉范围广泛、投资额度巨大，不可能避免地要通过合同形式确定并维持各方法律关系。从这种意义上讲，PPP模式也可以说是一种合同安排，它包括有特许经营权、投资、建设、融资、运营、移交、担保等一系列合同。

首先，现阶段中国大陆认可PPP合同适用政府采购程序。[①] 而我国的《政府采购法》第43条明确规定："政府采购合同适用合同法。采购人和供应商之间的权利和义务，应当按照平等、自愿的原则以合同方式约定。"可见，将PPP合同纳入《合同法》进行规制具有实定法的支撑。

其次，我国行政法学界对于行政契约司法裁判中援用民事法律亦持肯定态度。认为在判决行政协议履行及补偿判决时，"法"的外延除了包括行政法律、法规以及合法有效的规章之外，还应当包括相关的民事法律。在审查行政机关是否依法变更、解除该类协议时，不但应当考察相关行政法律规范的适用，还应当考察《合同法》中有关合同变更、解除的规定。在审查行政机关不履行该类协议时，应当考察《合同法》中有关同时履行抗辩权或后履行抗辩权的规定。

① 《政府和社会资本合作项目政府采购管理办法》（财库〔2014〕215号）第1条规定："为了规范政府和社会资本合作项目政府采购行为，维护国家利益、社会公共利益和政府采购当事人的合法权益，依据《中华人民共和国政府采购法》和有关法律、行政法规、部门规章，制定本办法。"

最后，我国具有适用合同法规则调整 PPP 合同纠纷的裁判传统。在“中国裁判文书网”能够检索到的不区分法院层级和案由的 BOT 案件裁判文书 493 份，PPP 合同裁判文书 20 份。虽然争议事项涉及刑事、民事和行政诉讼各领域，但是尤以民事纠纷案由最多，达到 85.84%，而其中合同纠纷比重最大，达到 78.22%。[①] 虽然较多案件裁判文书形成于新的《行政诉讼法》施行之前，但是亦说明长期以来，我国司法机关具有依合同法规制 PPP 合同的传统。

（2）各国（地区）的立法实践

其实，世界其他各国行政合同制度与我国的行政协议制度具有非常大的差别。行政合同或者所谓公法契约制度比较发达的国家或地区，要么具有成文的《行政程序法》，德国；要么具有专司行政合同裁判的行政法院，如法国。也就是说，其他国家或地区的行政合同制度，要么有立法上的支撑，要么有司法上的保障。反观我国的立法实践，是在程序法上确立了本应由实体法规制的行政协议制度，而且制度设计也仅涉及了典型行政协议类型、行政协议裁判方式等极少内容，对于签订行政协议的权力来源、订约规则、履行规则、违约责任等重大内容尚付阙如。

大陆法系国家通过立法实践确认了私法规则适用于行政契约的观念。《德国行政程序法》为行政合同规定了一些不同于普通民事合同的特别规则，但同时又补充规定，只要“公法合同”部分未另有规定的，适用《行政程序法》其余的规定，另补充适用民法典的有关规定。我国台湾地区所谓“行政程序法”也规定，“行政契约，本法未规定者，准用民法之相关规定”。

我国台湾地区“立法”规定 PPP 合同为民事合同。我国台湾地区 PPP 模式的所谓特别法“促进民间参与公共建设法”规定核准民间机

① 江苏省高级人民法院民一庭课题组：《政府与社会资本合作（PPP）的法律疑难问题研究》，载《法律适用》2017 年第 17 期。

构兴建、营运之公共建设，不适用政府采购法之规定；主办机关与民间机构①之权利义务，除促参法另有规定外，依投资契约之约定；投资契约无约定者，适用民事法相关之规定。投资契约之定，应以维护公共利益及公平合理为原则；其履行，应依诚实及信用之方法。由此可见，在我国台湾地区 PPP 投资契约一向被认定是私法上的契约，因为不论依文义解释："适用民法之相关规定"或历史解释：立法院之立法总说明资料，均应得出此当然结果。② 投资契约定性为民事合同，一方面在于宣示政府和民间平等合作之伙伴关系；另一方面也可纳入较为灵活的私法规范。③

由于英美法系中没有公法与私法的划分，行政法中也没有明确的行政契约或行政合同的概念，政府部门作为一方当事人的合同被统称为"政府合同"（government contract），适用普通合同法的规定，行政主体签订合同适用一般的民事规则。所以，在英美法系国家，合同法规则当然适用于行政合同。

三、PPP 合同的行政性因素

（一）行政合同存在、功能与识别

一般认为，行政契约制度发端于行政法较为发达的法国。行政契约在我国行政法教科书中一般称"行政合同"，但二者在同一语义上使用，我国《行政诉讼法》及其司法解释中则称"行政协议"。在行

---

① 我国台湾地区所谓"促参法"中的"主办机关""民间机构"，与典型 PPP 模式中公共部门和私营部门的含义接近。

② 林明锵、郭斯杰：《工程与法律十讲》，五南图书出版股份有限公司 2014 年版，第 262 页。但是作者同时指出，因为促参投资契约内容有太多公共利益及公务任务之履行，与纯粹之私法契约性质并不相合。我国台湾地区"最高行政法院"于高速公路电子收费系统（ETC）判决中，首次将"促进民间参与公共建设法"上之 BOT 契约（特许投资契约）定性为"行政契约"。

③ 王文宇：《PPP 的机遇与挑战——以台湾 BOT 法制与实践为例》，载顾功耘主编：《公私合作（PPP）的法律调整与制度保障》，北京大学出版社 2016 年版，第 90 页。

政法著述中，行政契约（Verwaltungsvertrag，administrative contract）有时和德国法上的公法契约（offentlich－rechtlicher Vertrag）相互混用，而且过去学者著述乃至各国立法多有使用“公法契约”称谓，但近年来更有多用“行政契约”概念而放弃“公法契约”的趋势。这种名称使用上的细微变化，是想将行政合同与宪法性质的公法契约相区别，使概念更加明确。① 而且法国法上的行政契约涵盖政府采购契约、公共服务委托契约等，未必是德国法概念下公法契约的类型。还有部分学者著述将行政契约作为上位概念，涵盖行政机关所参与缔结的公法契约与私法契约。②

在传统公法理论上，行政合同曾被视为一个无法自洽的概念。被誉为德国行政法学之父的奥托·迈耶在《关于公法合同的理论》一文中指出，“公法领域中的契约是不可能的”，因为契约以法律主体的平等性为条件，但公法则是通过国家的统治地位确定的，国家不可能与公民处于平等的地位。③

随着国家职能和行政观念的转变，行政法上视社会公众为行政之对象、国家与公众之间为命令与服从、管理与被管理关系的传统观念，已渐进被体现“和谐法治”精神的现代行政法所取代，社会公众成为行政活动之积极参与者和合作者、行政主体成为公共服务的提供者、行政主体与公众之间是服务与合作的关系。建立在传统市民社会与政治国家假设之上的公私权分立制度已经与日益拓展的第三域发生了“断藕”。④ 而且有学者认为，即使在权力与服从的行政法关系下，也不意味着政府必须通过强制手段来形成公法关系，原则上并不排斥可以通过契约的方式来形成公法关系。“如果将契约解释为双方通过

---

① 吴庚：《行政法之理论与实用》，三民书局2001年版，第361页。

② 我国台湾地区“行政法学会”主编：《行政契约之基础理论、发力变革及实务趋势/行政程序法之最新发展》，台北，元照出版有限公司2013年版，第4页。

③ 于安：《德国行政法》，清华大学出版社1999年版，第133页。

④ 唐清利：《公私权模糊领域的合作治理研究》，法律出版社2017年版，第26页。

协商一致，基于合意而追求共同的法律效果，那么合同的作用范围当然不仅限于私法领域，在公法领域中亦不乏其例”。[①] 这样，行政合同就不再是一个在法律上逻辑矛盾、无法自洽的概念，而是合同理念与行政理念的契合，同时又是现代行政方式经由合同形式的丰富和发展。

1. 国内行政契约理论研究现状

关于特许经营类 PPP 合同的法律属性，我国民法学者基于中国法立场，对是否存在行政合同持否定意见。崔建远教授认为，“中国法不宜沿袭法国法上的行政合同制度及其理论，因为按照中国法的通说，它关于确定行政合同的标准，在中国法上均存在着问题；它认为属于行政合同的类型，在中国法多属于民商合同的范畴”；[②] 梁慧星教授表示，“对于中国现实中有没有行政合同等问题，有深入探讨的必要”；[③] 王利明教授认为，“行政合同究竟如何定义，其规范的对象是什么，仍然值得探讨，即使存在行政合同，是否要由合同法调整，亦不无疑问”。基于上述研究现状，我国民法学界虽然认同 PPP 合同的重要性和相对复杂性，但是尚缺少在理论基础层面对 PPP 合同进行基因性研究的成果。但是，随着国家对 PPP 模式的政策性推进日趋深入，民法学者对于行政合同的研究态度亦有所变化。崔建远老师在研究“行政合同族”的边界及标准过程中，即认可纯粹行政合同样式是

---

① ［日］美浓部达吉：《公法与私法》，商务印书馆 1963 年版，第 95～96 页。

② 崔建远：《行政合同之我见》，载《河南省政法管理干部学院学报》2004 年第 1 期。但是，据余凌云教授介绍，当他就治安上的担保人与担保金协议是否是民事合同咨询崔建远教授，崔建远老师非常肯定地说：“这无论在权利上还是义务上都不是民事的，它不属于任何一种民事合同。”参见余凌云：《对行政契约的三点感悟》，载《全球时代下的行政契约》，清华大学出版社 2010 年版，第 5 页。

③ 梁慧星教授认为，“如果有所谓的行政合同的话，只能存在于行政权力作用领域，属于行政法律关系。按照我的理解，所谓行政合同的双方当事人都必须是行政机关或者被授予行政权的团体，合同内容必须属于行政权力的行使行为。本质上属于市场交易的行为，即使一方当事人为行政机关，即使法律规定实行强制签约，也仍然属于民事合同，而与所谓行政合同有本质区别”。

客观存在的，只是不应泛化，需为之确定识别标准。[①]

反观行政法学界，则普遍认同行政合同的存在，认为行政合同是现代行政法治理方式和工具创新的应然之义，体现了现代行政管理民主化、合作化的发展。而作为一种新的法律形态，它打破了民法对合同的“独占”，包含着法律价值观的深刻变革。合同作为一种双方法律行为，发端于私法领域，是民事主体之间平等协商、意思表示一致而达成的合意，旨在设立、变更或消灭彼此间的法律关系。不过，合同并非私法之专利。在公法领域，合同亦获得普遍认可和运用。

综观国内学者研究成果，孙笑侠（1997年）认为行政合同的本质，既是政府用来加强对社会生活进行干预的工具，反之又是社会公众对政府权力进行限制的方式；[②] 余凌云（2000年）教授对于行政契约的含义、功能、分类等基本理论问题进行了构建；施建辉（2011年）、蔺耀昌（2010年）、步兵（2011年）则分别对于行政契约的缔结、效力和履行问题进行了研究。但总体而言，行政合同的基本理论体系在我国仍未完整建立。虽然《行政诉讼法》及其司法解释“半遮半掩”地对行政“协议”而非行政“合同”进行了定义，但是对于行政合同的识别标准、适用范围、法律性质、自由裁量正当性基础、合同原则、价值和功能、权利和义务配置、订立协议的行政程序、法律救济等问题仍存在诸多分歧；对民法合同理论在行政合同中如何运用观点不一，对行政合同规则区别于普通民事合同的特殊性尚未形成统一认识。

2. 国外行政契约理论研究现状

美国、英国和澳大利亚等普通法国家的行政法中没有“行政合同”的概念，他们在立法上取消了划分行政合同和普通民事合同的成

① 崔建远：《行政合同族的边界及其确定根据》，载《环球法律评论》2017年第4期。

② 孙笑侠：《契约下的行政——从行政合同本质到现代行政法功能的再解释》，载《比较法研究》1997年第3期。

本，在司法上没有独立的行政法院系统。举凡涉及政府为一方当事人的合同统称为“政府合同”或“采购合同”。在英国，政府合同还包括通过签订承包合同将原来由政府内部机构实施的事务发包给私营部门，以及通过合同方式进行行政机关之间的行政协作。[①]

普通法国家对政府合同采取“形式主义”的界定方式，是因为他们不区别公法和私法争议的救济程序。但是法院在审理案件时，也并非对所有以政府作为一方当事人签订的合同都进行司法上的审查，法院认为公法责任（public law obligation）仅凭行政机关与当事人订立了合同这一形式要件尚不足够，还必须进一步识别合同是否具有“公法因素”以及公法干预的程度来确定政府合同应否适用司法审查。而“公法因素”的识别取决于行政机关签订合同所要达致的目的是否包含行政目标的实现或公共利益的维护。

在《德国行政法》上，行政主体可依“国库理论”，以民事主体身份与相对人订立民法上的合同，甚至可以直接运用民事手段实现行政目的，此类合同虽然受到若干行政法规制，但其所形成的法律关系仍属民事关系，由普通法院管辖；公法契约与基于“国库理论”由行政机关签订的私法契约的区分标准是“契约标的”理论，即如果契约的基础法律关系和通过契约所要达成的目的具有行政性，则其为行政契约。“公法契约”是行政机关与相对人经过协商，发生、变更或消灭行政法上权利义务的合意。这种契约完全适用公法规范，合同争端由行政法院管辖。

在《法国行政法》上，以“公务理论”为核心，通过行政法判例构建了行政契约理论。行政契约的判定标准包括：（1）缔约各方至少有一方是公法法人；（2）缔约目的是与直接执行公务（public service）

① 余凌云：《论行政契约的含义——一种比较法上的认识》，载《比较法研究》1997年第3期。

有关；（3）契约中有超出普通法的条款。[①] 行政合同的目的或内容也须与公务有关，但对“合同与公务有关”这一标准应作较严格的解释，只有为直接执行公务而订立的合同才构成行政契约，包含两层含义：一是合同当事人直接参加公务的执行；二是合同本身构成执行公务的一种方式。而“合同为行政机关保有特殊权力”的标准同样包含两层含义：一是合同条款中规定了私法以外的规则；二是合同缔结的制度超越一般私法的范围。[②]

日本现代行政法学中，将行政契约概括称为“行政上的契约”，但传统行政法将行政契约一般分类为公法契约与私法契约。将行政主体为一方或双方当事人的合同称为行政合同。[③] 这种分类标准深受《德国行政法》的影响，但是日本现代行政法学者认为应当借鉴法国法的执行公务概念，将为达成行政目的而订立的民事合同也纳入行政法研究的视野，此类民事合同受到行政法的规则制约，对于民事规则的适用也需要作相应调整。

3. 行政契约存在的客观性

现代社会高度依赖合同行政的原因，首先，从国家理论上来看，现代社会进入福利国家时代；其次，从行政方式选择上来看，政府达成行政任务和目标的工具多样化、范围扩大化；最后，从法律实施效果上来看，法律趋于支持符合和谐法治的行政方式，希望行政非权力化，因此逐渐导致公法私法界限模糊，以致“公法遁入私法”。

行政合同的特征在于其与民事合同保持着本质上的内在联系，恪守共同的契约理念。在PPP合同中表现为：其一，PPP合同恪守契约的权利自主精神。政府之所以改变以往由其以垄断方式提供公共产品和服务的传统模式，而替代以行政合同，主要是为了提高服务供给的

---

① ［法］里韦罗·瓦利纳：《法国行政法》，鲁仁译，商务印书馆2008年版，第550页。

② 王名扬：《法国行政法》，北京大学出版社2016年版，第147页。

③ 吴东镐、徐炳煊：《日本行政法》，中国政法大学出版社2011年版，第162页。

效率，实现权力与权利关系的合作共赢。其二，PPP合同恪守契约的平等精神。通过合同形式来达到公共治理目的，体现了政府与社会资本方在合作处理公共事务上的平等关系。其三，PPP合同体现契约的“交换”精神。因为行政合同比单方行政行为更尊重相对人的利益。政府方通过让渡给相对人部分特许性质权利，获得私营部门投入资金建设运营基础设施、提供公共服务的产出。其四，PPP合同体现契约的“沟通”精神。没有一致意思表示的合同是无法成立的。这种合意通过协商、谈判甚至一定程度的妥协达成，是双方充分交流的结果。

行政合同与民事合同界限不清，导致关于行政合同究竟于何时起源，起源于何处，成为一个在学术上无法考证的谜题。[①] 但是行政合同的存在和应用，现在看来无论基于成文法的明确规定还是实践中的大量使用，都不应该存有异议。首先，行政合同在实践中客观存在。随着单方行政行为向双方行政行为方式的转变，通过行政合同执行公务、维护公益，已经成为现代社会中行政主体的一种重要治理工具；[②] 其次，行政合同在实践中长期存在。虽然尚难以准确考证行政合同发端于何时，但一般认为，我国的行政合同是改革开放的产物；[③] 作为民主化与市场化两大潮流交互作用的结果，行政合同因具有与现代行政法相契合的作用空间，得以在公共行政领域长期存在；最后，行政合同在实践中普遍存在，不但普遍作用于经济生活的各个领域，发展出丰富多样的形态，而且仍处于快速扩展的进程中。随着民主行政、福利国家理念的深入，行政合同的应用会愈加广泛。

从各个国家或地区立法实践中看，多个国家均认可行政契约的存

---

① 孙笑侠：《契约下的行政——从行政合同本质到现代行政法功能的再解释》，载《比较法研究》1997年第3期。

② 江必新：《中国行政合同法律制度：体系、内容及其构建》，载《中外法学》2012年第6期。

③ 应松年主编：《行政行为法——中国行政法制建设的理论与实践》，人民出版社1993年版，第594页。

在。例如，《联邦德国行政程序法》设有专章规制“公法合同”并对其适用范围进行了限定；[①] 我国台湾地区所谓“行政程序法”亦有类似规定。[②] 我国尚没有制订关于行政程序的成文法，关于行政合同的规定散见于各类法律法规及规范性文件。早在2004年最高人民法院印发的《关于规范行政案件案由的通知》中规定：确定作为类案件案由的基本方法是划分案件的类别，以行政管理范围为“类”，以具体行政行为种类为“别”进行构造。其中“行政行为种类”的第12类即为行政合同。这是国内文件效力层级较高、发布时间较早的关于行政合同的规定。自2008年10月1日起施行的《湖南省行政程序规定》设专节规定了行政合同，“指行政机关为了实现行政管理目的，与公民、法人或者其他组织之间，经双方意思表示一致所达成的协议”。我国自2015年5月1日起修正施行的《行政诉讼法》将“政府特许经营协议、土地房屋征收补偿协议”作为行政协议的典型样式；[③] 配套的司法解释明确了行政协议的定义：指行政机关为实现公共利益或者行政管理目标，在法定职责范围内，与公民、法人或者其他组织协商订立的具有行政法上权利义务内容的协议。这是至今我国法律体系中关于行政合同最为明确的法律规定。

---

① 《联邦德国行政程序法》第54条（公法合同的合法性）规定：“公法范畴的法律关系可以通过合同设立、变更或撤销（公法合同），但以法规无相反规定为限。行政机关尤其可以与拟做出行政行为的相对人，以签订公法合同代替行政行为的做出。”

② 我国台湾地区所谓“行政程序法”第三章“行政契约”第135条规定：“公法上法律关系得以契约设定、变更或消灭之。但依其性质或法规规定不得缔约者，不在此限。”

③ 有观点认为，除“政府特许经营协议、土地房屋征收补偿协议”以外，行政协议的范围还包括国有土地使用权出让合同、国有资产承包经营、出售、租赁合同、委托培养等教育行政合同、特定范围内的政府采购合同、公共工程合同、矿产资源使用权出让合同、治安处罚担保协议、以公共财政资金为支撑的教学科研协议、计划生育合同。参见江必新、梁凤云：《最高人民法院新行政诉讼法司法解释理解与适用》，中国法制出版社2015年版，第117～125页。另见梁凤云：《行政协议案件的审理和判决规则》，载《国家检察官学院学报》2015年第4期。但有学者持不同观点，认为在上述合同中，行政权力的作用体现得较少、较弱，不应该被认定为行政合同。参见于立深：《行政协议司法判断的核心标准：公权力的作用》，载《行政法学研究》2017年第2期。

4. 行政契约的本质与功能

行政法律关系可以通过两种方式设立、变更、终止：一是基于法律规定，二是经由意思表示。经由意思表示的情况，又可以进一步区分为基于行政主体单方意思表示和行政法主体以各方一致的意思表示两种情形。行政合同，就是以复数方主体一致的意思表示设立、变更、终止行政法上的权利义务关系的行为。

行政合同具有十个方面的功能：（1）设权功能。即通过行政合同配置当事人的权利义务，一般而言，行政机关的权力源于法律的规定，而行政合同在自由裁量限度内有与法律相同的设权功能。（2）保障功能。行政相对人以合同当事人身份参与行政事务，更有利于自身权益的保障。（3）控权功能。即通过行政合同控制行政性权力的范围、运行及扩张。控权功能主要体现在行政主体特权的行使要么基于合同的约定，要么基于法律的规定。“法无授权不可为”，行政合同政府方主体并不享有合同约定和法律规定以外的不确定性权力。唯其如此，才能够“将权力关进制度的笼子”。（4）统筹功能。行政合同的方式具有更大的灵活性，更容易统筹兼顾各方当事人的利益诉求，降低完成公务的成本。（5）组织功能。行政合同各项权利义务安排的过程，就是合同目标达成的过程，通过合同组织任务执行的各个环节，明晰各阶段的工作任务，使工作过程依托合同得到有效地组织。（6）替代功能。即通过行政合同替代行政决定。行政合同也是执行公务的手段，而且在某些行政机关不具备完成公务的资源或能力时，通过行政合同交由相对人完成是行政决定所无法实现的功能。（7）规范功能。具有法律效力的行政合同，可以规范和羁束各方当事人的履约行为。（8）动员功能。即从传统的单方高权行政，转向动员行政相对人投入自身的资源和能力，共同实现公共利益。（9）参与功能。即通过行政合同使行政相对人得以参与公共事务。（10）效率功能。即通过行政合同提高行政目标达成的效率，提高公共产品供给的效率。对于行政合同的效率问题，传统观点认为单方行政行为的优势在于效率，双方行政的优势在于民主。事实上，双方合意的行政合同行为，在决策阶段的优势是民主，在履行阶段的优势的高效率，因此兼具民主与效率价值。①

5. 行政法视野下行政合同的识别

大陆法系国家和地区的行政法学者在阐释行政契约概念时，将主要精力投入确立行政契约与私法契约的区分标准上。其根本原因有三：一是大陆法系国家公私法划分的理论传统；二是司法二元制的法制构造；三是行政主体既可以订立私法契约，又可以订立行政契约。正因为这样，一切由行政主体作为一方当事人的契约，在法学理论上或是司法实践中所面临的首要难题，就是判断该契约是私法契约还是行政契约。

在大陆法系国家，依据通说，区分行政契约与私法契约的重要意义在于：

（1）公私法契约的订立目的不同。行政契约以完成行政管理任务为直接目的，私法契约以实现私人利益为直接目的。②（2）公私法契约的救济途径不同。因公法契约发生的争端由行政法院管辖，因私法契约发生的争端由普通法院管辖。（3）公私法契约的缔结程序不同。公法契约的缔结，须适用行政程序及有关缔结行政契约的特别程序规定，而私法契约则采用契约自由原则，对于缔约程序没有严格的法律规制。（4）公法契约须受公法原理原则的支配，而私法契约则受私法原理原则的支配。不过，由于行政主体不能主张与民事主体相同程度的契约自由，所以其缔结的私法契约也须受公法原理原则的拘束，早已蔚为通说。

关于行政契约的定义及其与私法合同的界分，杨解君教授认为：

① 江必新：《中国行政合同法律制度：体系、内容及其构建》，载《中外法学》2012年第6期。

② 王万华：《中国行政程序法典试拟稿及立法理由》，中国法制出版社2010年版，第414页。

“行政合同是指行政主体为了完成行政任务或实现公共利益而与相对人就行政上的权利义务达成合意的法律行为。”[①] 这一定义的内涵：一是行政合同是行政主体实施行政行为的一种方式，行政机关在合同的订立与履行过程中可以享有一定的行政优益权；二是行政合同是行政主体与行政相对人之间基于合意的法律行为，兼具行政性与合意性；三是行政合同的目的在于实现行政目标或公共利益，不以公共利益或一定行政管理目标的实现为目的的合同不应属于行政合同。[②]

余凌云教授认为，所谓行政契约就是指以行政主体为一方当事人的发生、变更或消灭行政法律关系的合意。[③]

我国台湾地区学者林明锵先生针对行政法学界关于行政契约的定义，提出了三点质疑：“第一，何谓行政法上的法律关系？第二，缔结行政契约之主体是否必须一造为行政主体？是否可能于私人间成立行政契约？第三，判断某一契约为行政契约还是私法契约时，应就契约内容逐条决定，还是通盘整体考察？”[④]

综合以上关于行政合同的定义，可以发现行政合同区别于民事合同的特点主要体现在以下几个方面：

（1）目的要件。行政合同与民事合同的最大不同首先体现于订立合同的目的不同。行政合同的目的是实现公共利益或者完成行政任务，是为了实现行政法上的目的，与行政管理职责无关的协议不属于行政协议。[⑤]

---

① 杨解君：《中国行政合同的理论与实践探索》，法律出版社2009年版，第3页。

② 杨解君、陈咏梅：《中国大陆行政合同的纠纷解决：现状、问题与路径选择》，载《行政法学研究》2014年第1期。

③ 余凌云：《论行政契约的含义——一种比较法上的认识》，载《比较法研究》1997年第3期。

④ 林明锵：《行政契约》，载翁岳生主编：《行政法》（下册），中国法制出版社2002年版。

⑤ 江必新主编：《中华人民共和国行政诉讼法及司法解释条文理解与适用》，人民法院出版社2015年版，第107页。

（2）主体要件。行政合同的主体是行政主体和行政相对人，其中行政主体是不可或缺的主体。主流观点认为，行政协议须有一方主体为行政机关，但是行政机关作为主体的协议未必就是行政协议。[①] 行政机关与其他国家机关、行政机关相互之间签订的协议，不属于我国《行政诉讼法》规定的行政协议。行政主体与行政相对人的地位并不完全对等，但是双方合同权利义务关系实质对等。

（3）职责要件。行政机关签订行政合同必须是“在法定职责范围内”，法定职责范围之外签订的行政协议将产生效力瑕疵。依据法国行政法上的“公务理论”，“不能认为一切和执行公务有关的合同都是行政合同，只有直接执行公务的合同才是行政合同。”[②] 远离行政机关法定职责范围、远离公共利益的协议不属于行政合同。英国行政法上，行政机关的合同义务与法定权力相抵触时，行政机关无权签订合同或所签订合同无效。[③]

（4）意思要件。行政主体与行政相对人签订行政协议必须经过平等协商，意思表示一致。行政协议的签订必须尊重行政相对人的合法自愿表达意志的权利，行政主体不得强迫行政相对人签订行政协议。

（5）内容要件。行政主体与行政相对人之间签订合同的内容是行政法上的权利义务。“在行政协议中既要规定行政主体的权力，也要规定行政相对人的权利。此外，基于实现公法上的公共利益性，还要求协议内容必须是合法的，行政协议的订立和履行，不得损害国家和

---

① 德国学者毛雷尔认为：“合同当事人的法律身份并不重要。合同一方或者双方当事人是公法上的行政主体的事实，并不足以认定为行政合同。双方当事人都是行政主体的合同可能是私法合同。而私人一方如果接受行政机关的委托，私人之间亦得以订立行政合同。”鉴于本书主要研究对象为政府和社会资本合作（PPP）合同，故对此问题不赘述。参见［德］哈特穆特·毛雷尔：《行政法学总论》，高家伟译，法律出版社 2000 年版，第 350 页。

② 王名扬：《法国行政法》，北京大学出版社 2016 年版，第 145 页。

③ 王名扬：《英国行政法、比较行政法》，北京大学出版社 2016 年版，第 186 页。

社会公共利益，不得损害他人合法权益”。[①]

（二）PPP合同中行政性因素的边界

PPP法律关系具有行政和民事特征的复合性。因此识别出PPP合同中的行政法因素，评价其对整个PPP模式的影响程度，实现行政合同中法定事项和约定事项的分离，进而为其总体法律属性定位寻求正当性基础，具有十分重要的理论价值。

PPP项目是一个在法治环境下形成的多产权主体间的契约。[②] 在复杂的PPP交易结构中，识别出真正或者只能由行政法调整的合同因素，必须准确把握行政法的基本原则。通常说来，行政法的基本原则应该包括依法行政原则、比例原则、合法预期保护原则以及正当程序原则。[③] 诸原则中，“依法行政原则”的一个重要子原则——“法律保留”原则，即某种行政行为只有在法律明确授权的情况下才可以实施，这是识别特许经营类PPP合同行政性条款的“最大公约数”，应该作为法律依据。“法律保留原则之于行政法，如同罪刑法定主义之于刑法”，[④] 该原则认为不仅有干涉人民自由权利的行政领域，也应有法律保留的适用，其他涉及人民的基本权利之实现与行使以及涉及公共利益尤其是影响公共生活的重要的基本决定，应由法律规定之，而不须委诸于行政行为。此项原则与习近平总书记提出的“将权力关进制度的笼子”以及“法无授权不可为”的依法行政思想高度契合。[⑤]

---

① 江必新、梁凤云：《最高人民法院新行政诉讼法司法解释理解与适用》，中国法制出版社2015年版，第105～112页。

② 贾康、孙杰：《公私合作伙伴关系理论与实践》（修订版），经济科学出版社2015年版，第11页。

③ 余凌云：《行政法讲义》，清华大学出版社2014年版，第71页。

④ 吴庚：《行政法之理论与实用》，三民书局1996年版，第80页。

⑤ 习近平总书记在中纪委第二次全体会议上强调，要加强对权力运行的制约和监督，“把权力关进制度的笼子里”。2014年2月11日，李克强总理在国务院第二次廉政工作会议上发表讲话，提出对政府而言“法无授权不可为”。此所谓“法无授权不可为”意指政府的权力必须在法律授权范围内运行，与习总书记强调的“把权力关进制度的笼子里”，具有相同的法律意义。

依照法律保留原则，PPP 合同中纯粹行政法条款包括以下三项内容。

1. 政府采购程序

虽然学界对于 PPP 采购适用政府采购程序尚有讨论，[①] 但是世界各国多将 PPP 纳入政府采购规制当无异议。我国现有规范文件也普遍规定 PPP 合同需经政府采购程序以竞争性方式订立，并以公开招标方式为原则，以其他采购方式为例外。PPP 项目潜在社会资本方的资格审查程序也较一般政府采购活动更为严格，明确要求需进行资格预审，而非资格后审。[②] 政府采购活动属行政行为，受行政法规则调整。参与政府采购活动的潜在供应商，如果认为其权益受到损害的，需经过行政复议或行政诉讼程序进行救济。[③]

2. 特许经营权的授予

PPP 项目的回报机制，包括三种类型：使用者付费、行政性缺口补贴和政府付费。前两种回报机制中，因为社会资本方需要向使用者收取费用的方式全部或部分覆盖项目投资，因此政府方需要授予社会资本方在一定期限、一定范围内，按照标准收取费用的权利，而且该项权利是独占和排他性的。有观点认为，特许经营权的授予，属于行政许可的范畴，即《行政许可法》可以设定行政许可事项中“有限自然资源开发利用、公共资源配置以及直接关系公共利益的特定行业的市场准入等，需要赋予特定权利的事项”。且我国《行政诉讼法》明确将“行政机关不依法履行、未按照约定履行或者违法变更、解除政

① 陈少英、吴凌畅：《公私合作制（PPP）认识误区之厘清》，载顾功耘主编：《公私合作（PPP）的法律调整与制度保障》，北京大学出版社 2016 年版。作者认为，PPP 的法律性质因从属于政府采购而受连带。

② 依据财政部《政府和社会资本合作模式操作指南（试行）》（财金〔2014〕113 号）的规定：项目采购应根据《中华人民共和国政府采购法》及相关规章制度执行，采购方式包括公开招标、竞争性谈判、邀请招标、竞争性磋商和单一来源采购。

③ 《政府采购法》第 58 条规定：“投诉人对政府采购监督管理部门的投诉处理决定不服或者政府采购监督管理部门逾期未作处理的，可以依法申请行政复议或者向人民法院提起行政诉讼。”

府特许经营协议”纳入行政诉讼的受案范围，因此特许经营协议中涉及政府方赋予社会资本方特定权利的条款，属于行政法调整。

3. 项目监督与接管

政府作为PPP合同的一方当事人，除了对于社会资本方是否按约履行合同进行民法意义上的监管以外，特定情境下还会基于公共利益的需要，单方行使与合同精神相背离的行政行为。从履行公共管理职能的角度出发，对社会资本方违反法律、行政法规的强制性规定或强制执行的技术标准的，政府需要对项目执行的情况和质量进行必要的监控，甚至在特定情形下，政府有可能临时接管项目。但是需要注意的是，在此情境下，政府方是依据法定职责行使行政权，该监管权力的行使，实际上与其合同当事人身份并无关联，是为国家执行责任的“复活”。①

四、PPP合同的本质是具有行政性因素的民事合同

经过前述讨论，应该认识到政府和社会资本合作（PPP）模式是国家治理方式优化和政府职能转化的必然路径。明确PPP法律关系的属性对于规范发展PPP模式具有重要意义。选择PPP立法还是特许经营权立法代表了英美法系国家和大陆法系国家不同的立法思路，折射出两大法系国家关于政府与市场、政府与社会的关系，文化传统和惯例的影响以及产权制度的差异。②

PPP合同是PPP交易过程的法律表达，总结PPP法律关系和PPP合同的本质特征，提取并剥离PPP法律关系中行政法要素和民法要素，才能在我国现有法律体系内最有效规范PPP各方权利义务、最有效安排PPP实施流程、最有效解决PPP争议事项。

---

① 杨彬权、王周户：《论我国PPP行政法规制框架之构建》，载《河北法学》2018年第3期。

② 李欣、陈新平、景婉博等：《国外PPP法律文本解析》，中国财政经济出版社2017年版，第16页。

1. PPP 合同兼具民事属性和行政性因素

PPP 法律关系是建立在政府和社会资本方合意基础之上的，这种新型法律关系融合了公法与私法两种法律关系，所以其同时具备公法和私法的某些特征。[①] 但是 PPP 合同的民事属性是第一位的，是决定性的。

PPP 模式采用“合同”这一关系形式本身就决定了，政府方作为 PPP 项目的发起人和公共服务的法定提供方，不能单方面地以命令的方式，即使是依法命令，要求社会资本方，也必须以社会资本方自愿接受政府方在项目实施中的主导地位，享有特定情境下单方变更合同甚至接管项目的权力为前提，以社会资本方凭借合同保障获得长期稳定经营收益为对价，才能建立起双方的权利义务关系。随着这一关系的建立，政府方的行政权力也转化为 PPP 中的合同权利，这种权利的行使基础是合同，其性质是合同债权请求权。《合同法》并不以身份而异其效果，这是“从身份到契约”运动的结果。[②] 抛开合同这一权利基础。换言之，政府方如果不把其授予社会资本方特许经营权的权力转化为社会资本方的合同权利，政府方欲求实现的行政目的在法律上是无法实现的。没有 PPP 合同基础的行政主体的权力对社会资本方毫无意义。

2. PPP 合同中的行政性要素是可识别的

我国的 PPP 法律关系是建立在政府方与社会资本方之间的一种地位平等的非从属性的合同关系。[③] 特许经营合同是政府和社会资本合作的重要形式。[④] 政府方通过特许权让渡了公共资源的开发和利用权，

① ［法］让·里韦罗、让·瓦利纳：《法国行政法》，鲁仁译，商务印书馆 2008 年版，第 479 页。

② 韩世远：《合同法总论》，法律出版社 2018 年版，第 905 页。

③ 湛中乐、刘书燃：《PPP 协议中的公私法律关系及其制度抉择》，载《法治研究》2007 年第 4 期。

④ 于安：《行政合同是公私合作的法律形式》，载《法制日报》2003 年第 8 期。

对等地获得了优质优价的基础设施和公共服务。这使特许权具有了明确的可交易性和协议性，而协议性意味着特许经营协议中几乎不存在单方无偿的“命令”行为，需要受到有偿原则的约束。

政府和社会资本方合作的目的在于打破基础设施和公共服务领域的行政性垄断，在上述领域中引进市场竞争，满足社会公众对于公共产品的需求或者为了完成某项行政任务。因此，政府和社会资本合作这种法律关系是不可能完全排除行政法的适用的，若社会资本方的履约行为有碍于公共利益，政府方既可以依据 PPP 合同约定对于社会资本方违法行为行使监督和管理的权利，还可以依法行使行政性权力。但是我国目前的行政法框架并不能够为规范 PPP 合同提供完整的法律资源。不同于法德等国家成熟的行政法体系，“行政协议”目前在我国既缺少实体法上的基础，包括调整对象、适用范围、主体资格、履行监管及违约责任等一系列的制度设计，同时也缺乏程序法上的支撑，包括政府方的诉讼地位、民事程序的援引、举证责任分配等。

随着近年 PPP 模式方兴未艾，国内民法和行政法学界学者都意识到了 PPP 合同中行政性因素是可识别和可剥离的，并对其进行了深入研究，取得了重要的研究成果。

于安老师认为，可以将 PPP 合同义务区分为法定义务和约定义务，两种义务可以分别进入不同的救济渠道。其中对于具有行政法属性的法定义务，当事人双方必须服从，不得通过约定解除或者规避。①

崔建远老师进一步指出，识别 PPP 合同中行政条款的行政法原则为“法无授权不可为”，其理论工具为英美合同法上的“近因理论”② 和法

① 于安：《我国 PPP 合同的几个主要问题》，载《中国法律评论》2017 年第 1 期。

② “近因”（proximate cause）一词，英文本意是指“时间上或者空间上最近的原因”。近因原则的概念最早出现在英国《1906 年海上保险法》中，该法第 55 条规定：“除保单另有约定外，根据本法规定，保险人仅对承保危险为近因造成的损失承担赔偿责任；保险人对不是由其承保危险为近因造成的保险标的损失概不承担责任。”参见陆玉、傅廷中：《基于模糊判别模式的近因识别》，载《河北法学》2016 年第 9 期。

国行政法上的“直接执行公务说”。依据“近因理论”，PPP合同从采购缔约、履行监管、违约救济等每一个环节各构成一种法律关系，每一种法律关系所受规范的法律不同，发生的法律后果有异。因此需要截取最接近合同的因果链条，一种法律关系的定位和定性主要由最接近该法律关系的因果链条所蕴含、体现的因素和属性作为认定该法律关系性质、归属类型的依据。① 同时，根据“直接执行公务说”，行政合同应当是行政机关直接参加公务的执行，或是合同本身是执行公务的一种方式。

于立深老师认为，PPP合同主体的平等性问题或者说政府方所享有的“优益权”问题并不是行政协议的核心问题。对于这一问题的长期纠结，既与我国长期以来对于行政权力的认知传统有关，又与学界对于《法国行政法》中所谓特权的误传有关。应将“公权力的作用”作为行政协议与民事合同区分的核心标准，它是二者之间的最大的差异性；“契约合意”则是行政协议与民事合同、行政协议与其他当方行政行为之间相互区分开来的最大的共同性。② 所谓“公权力的作用”，首先应确定是否有公权力发挥作用，进而判断公权力对合同的干预能力和干预程度。将“公权力的作用”作为核心标准，辅之以是否是“公务执行”，是否涉及“公共财物”两个标准，只要合同具备“三公”要素之一，即判定之为行政协议。

上述三位学者的研究路径和表达方式或有差异，但是其实质结论具有殊途同归、异曲同工之妙。无论借助了何种学说理论，确立了何种标准原则，其本质乃是以行政性因素在合同中的多寡、行政性权力对合同干预的深浅、行政性属性与合同整体目的之间的远近作为区分行政合同与普通民事合同的界限。依据这条界限，则可以判断PPP合

① 崔建远：《行政合同族的边界及其确定根据》，载《环球法律评论》2017年第4期。

② 于立深：《行政协议司法判断的核心标准：公权力的作用》，载《行政法学研究》2017年第2期。

同中确需由行政法调整的环节有三个，即政府采购、特许经营和项目监管。具体的合同条款可能体现为采购投诉、项目审批、规划许可、征收补偿、收费标准等内容。PPP 合同的其他内容，包括资产权属、收益分配、项目融资、税费负担等条款，均属民事合同约定。

3. 中国法框架下的 PPP 合同本质属性是民事合同

依于安教授观点，PPP 合同内容可以区分为约定事项和法定事项，其所称“法定事项”即是本书所抽离出的 PPP 合同的行政法因素。PPP 合同中的约定事项适用民法规范调整，自不必言，即使是 PPP 合同中的法定事项，其订约、履行和违约责任承当亦由民法所规范。

（1）PPP 合同订约适用《合同法》调整。政府方适用《政府采购法》选择社会资本方合作提供基础设施和公共服务，依该法规定，其所订立的 PPP 合同适用合同法规定，政府方和社会资本方之间的权利和义务，应当按照平等、自愿的原则以合同方式约定。

（2）PPP 合同的履约受民事法律规范。人民法院依据《行政诉讼法》及其司法解释审理行政协议案件时，应在适用行政法律规范的同时，适用民事法律规范。[①] 有学者认为，该条确立了行政协议案件中，行政法律规范优先适用规则。[②] 笔者持不同观点。首先，从解释论的立场出发，司法解释条文的表述为“同时”，并未体现优先使用行政法规范的意思表示；其次，关于行政协议法律适用优先次序问题上，亦有学者认为应当优先适用民事法律规范，只有在民事法律规范无法有效解决行政合同上出现的问题时，才考虑创设和适用新的公法规

① 我国《行政诉讼法》司法解释第 14 条之规定：“人民法院审查行政机关是否依法履行、按照约定履行协议或者单方变更、解除协议是否合法，在适用行政法律规范的同时，可以适用不违反行政法和行政诉讼法强制性规定的民事法律规范。”

② 该规则的完整表述为，人民法院在审理行政协议案件中，在实体法方面，应当优先适用有关法律、法规或者规章的特别规定，没有规定的，适用合同法。参见袁杰主编：《中华人民共和国行政诉讼法解读》，中国法制出版社 2014 年版，第 45 页。

则;[①] 最后，适用民事法律规范须“不违反行政法和行政诉讼法强制性规定”，由于此类规范需是调整双方行政合同约定的民事规范，则依据《合同法》第52条之规定，如果违反法律和行政法规的强制性规定，该类规范本身即应属无效。

（3）PPP合同的违约责任包含了民事违约责任的全部形式。我国《行政诉讼法》及司法解释确立的行政协议案件裁判内容包括判决继续履行、采取补救措施和赔偿损失；判决解除协议或者确认合同无效；判决补偿。[②] 可见，行政协议违约责任包含了《合同法》规定的承担违约责任的全部形式，除政府方单方变更解除PPP合同合法，需予以“补偿”带有明显行政因素外，违约责任承担方式与民事法律规范相同。

据此，PPP合同中所蕴含的行政因素，在合同订约、履约和违约各环节，绝大多数情形下均适用民法调整，PPP合同的本质属性是民事合同，是政府方为完成向公众提供公共产品和服务的行政任务，通过政府采购程序，与为实现可持续经营收益的社会资本方达成的合意。正如我国台湾地区学者郑锡锴所言，公私协力是以“做生意”为基础，而略带公共色彩的合作关系。PPP合同的核心条款从属性上可以分为三类：（1）典型的行政协议条款。包括政府采购程序、特许经营权的取得和项目监管，这类事项具有鲜明的行政法特质，应适用行政法调整，但准用民法规范，因为双方是基于自愿而非强制就政府方的行权方式达成了合意。（2）具有行政法特征，但是可以通过双方的

① 余凌云：《行政契约论》，中国人民大学出版社2006年版，第156页。

② 最高人民法院《关于适用〈中华人民共和国行政诉讼法〉若干问题的解释》第15条规定：原告主张被告不依法履行、未按照约定履行协议或者单方变更、解除协议违法，理由成立的，人民法院可以根据原告的诉讼请求判决确认协议有效、判决被告继续履行协议，并明确继续履行的具体内容；被告无法继续履行或者继续履行已无实际意义的，判决被告采取相应的补救措施；给原告造成损失的，判决被告予以赔偿。原告请求解除协议或者确认协议无效，理由成立的，判决解除协议或者确认协议无效，并根据合同法等相关法律规定作出处理。被告因公共利益需要或者其他法定理由单方变更、解除协议，给原告造成损失的，判决被告予以补偿。

约定，内化为合同约定的条款。包括项目建设标准、项目公司设立等，此类条款虽有行政机关高位行权的因素存在，但是适用民法调整亦不致损害行政机关或公众的利益，则可以纳入民事规则调整。(3) 典型的民事合同条款。例如，投融资期限和方式，履约担保等条款。这类条款应明确由民事规则予以调整。

第二章

PPP 合同有名化的条件

以法律是否设有专章加以规范并赋予一个特定的名称为标准，将合同区分为典型合同与非典型合同。[①] 典型合同有促进法律交易、减少交易成本的作用。[②] 创设典型合同的意义在于以任意性规定补充当事人约定中不完善之处，同时由于典型合同中可设有强制性规范，有助于保护公共利益、国家利益和当事人的合法权益，因此有学者甚至将典型合同称为“立法机关所制定的定型化契约”。[③] 虽然典型合同的制定并不具有禁止采用非典型合同或将两种以上典型合同加以混合的意义，但在合同类型自由的原则下规定典型合同仍有必要。在这种意义上，可谓合同法的历史正是一部非典型合同不断变为典型合同的过程，[④] 有助于因应社会经济环境的变迁，达到保障私权之日的，维护交易公平及安全。[⑤]

非典型合同产生以后，经过一定的发展阶段，具有成熟性和典型性时，合同立法应适时规范，使之成为典型合同。合同有名化大抵需

---

① 参见韩世远：《合同法总论》（第 2 版），法律出版社 2008 年版，第 39 页。陈华彬认为，依合同是否为民法所明定为标准，可以分为典型合同、非典型合同及混合合同。陈华彬：《债法各论》，中国法制出版社 2014 年版，第 10 页。

② 王泽鉴：《民法概要》，中国政法大学出版社 2003 年版，第 311 页。

③ 黄茂荣：《法学方法与现代民法》，中国政法大学出版社 2001 年版，第 235 页。

④ 崔建远：《合同法》（第 5 版），法律出版社 2010 年版，第 26 页。

⑤ 王泽鉴：《债法原理》（第 1 册），中国政法大学出版社 2001 年版，第 115 页。

要满足三个条件，即民事性、典型性和成熟性。[①] 进言之，典型合同的选择标准包括：常见和高发的交易类型；交易规则较为成熟；规则确有其特殊性，无法为一般规则和其他典型合同所覆盖。

为了丰富我国《合同法》中有名合同的类型，可以考虑两条进路：一是将特别法中规定的合同类型有名化；二是将实践中的典型交易形态合同在《民法典》编纂中有名化。PPP 合同完全具备上述条件和进路：PPP 合同的民事性前已述及，在属性定位于民事合同的基础上，其典型性和成熟性亦得彰显，应进一步将其作为有名合同在《民法典》合同的编分规则中进行规范。同时，由于我国已经明确国家将制定 PPP 特别法，因此也可以在 PPP 法中对于 PPP 合同的名称、类型和核心条款进行规范。这样，由民法典和 PPP 特别法共同构成了我国 PPP 合同的典型化体系，[②] 这对于我国积极推进 PPP 模式应用、规范 PPP 交易行为既有现实的必要性，又有理论上的可行性。

一、PPP 合同的典型性

在公共服务和基础设施领域推广政府和社会资本合作（PPP）是新常态下我国政府转变公共产品供给职能、提高供给效率的战略选择。而规范和联结 PPP 参与各方交易行为的载体就是一系列的 PPP 合同安排。从这个意义上说，PPP 合同是各级政府在各类行业中广泛、长期使用的合同类型，具有鲜明的典型性和重要性。

PPP 是政企合作提供公共产品或公共服务，其契约精神的重要性体现在：第一，体现在合作主体上。政府方的权力容易任性，企业方的资本容易撒野，而对于相对强势的政府来说，政府方信守合约对于

① 崔建远：《合同法》，法律出版社 2010 年版，第 26 页。

② 王利明教授认为，特别法上典型合同与合同法分则一起构成了合同法的完整体系，特别法所规定的合同也属于典型合同的范畴。参见王利明：《论债法总则与合同法总则的关系》，载《广东社会科学》2014 年第 5 期。

PPP 项目的成败至关重要。第二，体现在合作内容上。公共产品更多服务于社会民众，具有很强的普遍性、公益性和长期性，公众对于公共产品和服务会有更高的要求，即直接体现为对政企双方认真履约的更高要求。第三，体现在合作关系上。长期合作的伙伴关系，天然的包含着对契约精神的要求。对于政府方来说，契约精神体现为认真履行合约中确定的责任和义务；对于企业方来说，契约精神要求企业按约做好项目运营，提供优质的公共产品和服务。①

（一）PPP 合同具有典型广泛性

目前，在上位法尚付阙如的困境下，PPP 的主要管理部门为财政部和发改委。其中，财政部主要负责公共服务领域的 PPP 项目管理，发改委主要对基础设施领域的 PPP 项目进行管理。在公共服务领域，依据国办发〔2015〕42 号文件，财政部、发展改革委、人民银行三部门联合发布的《关于在公共服务领域推广政府和社会资本合作模式的指导意见》，在 13 个公共服务领域，要广泛采用政府和社会资本合作模式；② 另据国家发展和改革委员会《关于切实做好传统基础设施领域政府和社会资本合作有关工作的通知》规定，PPP 在基础设施领域主要应用于能源、交通运输、水利、环境保护、农业、林业以及重大市政工程 7 类项目。

从国际层面观察，日本 PFI 事业推进办公室将 PPP 项目领域分为教育与文化、健康与环境、城市建设、政府大楼与宿舍、安保、生活与福祉、产业、其他综合设施 8 个类别；而加拿大 PPP 理事会则将 PPP 模式应用分为 10 个领域，包括交通运输、健康医疗、能源、司法、③ 教育、

---

① 王天义、刘世坚、罗桂连、郐彩霞：《PPP：从理论到实践》，中信出版社 2018 年版，第 63 页。

② 推广 PPP 模式的公共服务领域，包括能源、交通运输、水利、环境保护、农业、林业、科技、保障性安居工程、医疗、卫生、养老、教育、文化等。

③ 虽然国际上早有实践，我国现有政策文件尚未明确可在司法领域应用 PPP 模式。有学者认为司法审判中引入公私协力模式，符合宪法规定，呼应社会需求，将为司法有效解决矛盾纠纷提供可靠的依据。参见吴立香：《公私协力在司法审判中的应用》，载《南京社会科学》2018 年第 4 期。

建筑、娱乐文化、政府服务、水和废水、信息技术。[①]

确定适用 PPP 的“公共服务”范围有一些障碍，PPP 适用范围一直以基础设施和公用事业为主，提及适用 PPP 的“公共服务”是比较迟的，需要明确公有物质设施与公共服务之间的关系。依托公有物质设施提供公共服务，是基础设施和公用事业与其他领域公私合作的主要区别点。PPP 的主要技术特征是经营和技术服务与物质设施的投资和使用的结合。如果在教育、医疗、养老和科技创新等领域引入不依托公有物质设施的经营或者技术服务项目，并且继续沿用 PPP 的经济模式和法律机制，可能的手段就是利用私人提供的物质设施，这相当于以新的资产管理方式吸引私人对公共服务的投资。例如，有偿使用私人所有的建筑物建立和经营养老院，资产管理机制上可以采用分期付款最终取得所有权的方式。所以，财政部管理的公共服务 PPP，并不是说应用于独立于物质设施的公共服务，而是应当理解为传统基础设施以外的基础设施和公用事业设施项目，以及不依赖公有物质设施并可以利用 PPP 机制的公共服务项目。[②]

上述领域几乎涵盖了社会生活的各个层面，而且关乎民生福祉，未来仍有进一步扩大的明确趋势。[③] 即只要是法律没有明确禁止社会资本进入的领域，都将逐步面向民间开放。因此，PPP 合同的应用具有广泛性。

（二）PPP 合同具有典型重要性

迈入供给侧结构性改革的中国，面临全面转型升级的机遇与挑

① 王天义、杨斌主编：《加拿大政府和社会资本合作（PPP）研究》，清华大学出版社 2018 年版，第 49 页。

② 于安：《我国实行 PPP 制度的基本法律问题》，载《国家检察官学院学报》2017 年第 2 期。

③ 例如，2018 年 4 月 19 日，文化和旅游部、财政部联合印发《关于在旅游领域推广政府和社会资本合作模式的指导意见》（文旅旅发〔2018〕3 号文件），鼓励运用政府和社会资本合作（PPP）模式改善旅游公共服务供给，在前述文件基础上进一步拓宽了 PPP 的应用领域。

战。恰如著名经济学家林毅夫所言："中国依然拥有比较大投资潜力，特别是基础设施建设领域"；同时，我国公共服务类产品的投入也亟待补强。不断探索政府与市场的合作机制，是中国发展历程中一项艰巨而重要的任务。2014年之后的中国PPP模式，不同于以往的各国实践，已然体现出大国转型的具体特征。日益上升的高品质公共产品需求和各级政府支出压力，推动了PPP项目的快速成长。PPP作为政府与市场合作提供公共产品的有效模式，颠覆了传统的政府与市场分工界限，拓宽了政府的活动范围与行为方式，改变了市场固有的运行状态与交往对象，政府与市场的关系被部分重塑。①

PPP模式在我国推广应用过程中虽然出现了许多问题，诸如法律环境不完善、政府风险偏大、融资市场不成熟、融资渠道偏少等。但中国基础设施领域的巨大建设需求以及政府积极促进私营资本投资公用事业领域的态度，都为社会资本以PPP模式参与基础设施投资建设提供了良好的契机，PPP模式在中国有良好的应用前景。②

由于PPP项目主要应用于保障公众生产生活的公共服务和基础设施领域，因此投资额度往往十分巨大，而且项目数量众多。世界银行高级官员表示："中国在基础设施PPP方面已是全球的领袖。"截至2017年12月末，全国政府和社会资本合作（PPP）综合信息平台收录管理库和储备清单PPP项目共14，424个，总投资额18.2万亿元。可见，PPP模式已经逐步成为政府方提供公共产品的主要方式，将会在大量交易中反复使用，对于拉动我国经济增长和内部需求均具有重要意义。

PPP合同是项目参与各方权利义务安排的文本表达；是项目涉及其他承包合同、贷款合同、保险合同、采购合同的支撑文件；是项目

---

① 何代欣：《大国转型下的政府与市场合作机制——中国PPP策略与事实》，载《经济学家》2018年第1期。

② 周正祥、张秀芳、张平：《新常态下PPP模式应用存在的问题及对策》，载《中国软科学》2015年第9期。

融资、建设、运营维护和移交等各阶段的行动指南；既是公众行使监督权力的依据，也是司法机关、仲裁机构据以分辨是非、公正裁判的基础。合同作为 PPP 项目实施的法律依据，明确了各参与主体的权责，其合理性是 PPP 项目实现物有所值的保障。特别考虑到 PPP 项目的长期性、PPP 交易结构的复杂性，PPP 项目执行过程中可能经历政府更迭、项目公司的股权变更，但是政府和社会资本方确定各自行为规范的 PPP 合同具有稳定性，就能够为此类长期复杂交易的再谈判提供底层支持。①

（三）PPP 合同具有典型复杂性

PPP 法律规范系统具有高度复杂性，② PPP 合同的复杂性既体现在合同主体和参与方的数量上，又体现在合同类型的复合上。一个典型的 PPP 协议除了具备一般民事合同的形式要件外，还需要对融资过程、建设过程、运营过程进行综合安排。同时，由于广义上的 PPP 意指公共部门与私营部门合作提供公共产品和服务，且现代意义上的 PPP 在世界各国已经有较长时间的实践，因此各个国家或国际组织均探索出了 PPP 的不同操作模式。

1. 世界银行

世界银行综合考虑资产所有权、经营权、投资关系、商业风险和合同期限等角度，将广义 PPP 分为服务外包、管理外包、租赁、特许经营、BOT/BOO 和剥离六种模式。

2. 欧盟委员会

欧盟委员会按照投资关系将 PPP 分为传统承包、一体化开发和经

---

① 研究者们对 PPP 合同的不完全性十分关注。合同研究涉及多个方面。包括合同设计、收益、风险、重新谈判等。其中重新谈判是合同研究的焦点问题。参见解本政、李萍、张琳、崔文静、曹江红：《基于知识图谱的政府与社会资本合作研究综述》，载《土木工程与管理学报》2018 年第 6 期。

② 有学者认为，PPP 立法是一个包含了诸多法律部门的全新法律规范系统。参见李显冬、李彬彬：《试论我国 PPP 法律系统规范的构建》，载《财政科学》2016 年第 1 期。

营、合伙开发三大类。

3. 英国

英国财政部在其 2000 年政策文件中提出了八种 PPP 模式，包括资产出售、市场开拓、企业出售、合伙公司、PFI、合资、合伙投资、政策合作。

4. 我国 PPP 项目的操作模式[①]

我国 PPP 模式依不同标准可以进行不同类别划分。根据项目投资的回收方式，可以分为经营性项目、准经营性项目和非经营性项目。其中经营性项目完全通过社会资本方对项目的经营，向使用者收取服务费的方式实现投资回报；准经营性项目的使用者付费部分，尚不足以覆盖项目投资，因此需要政府给予行政性的缺口补助；非经营性项目则完全依靠政府付费，购买社会资本方提供的服务。PPP 的操作模式不同，合同内容和核心条款自迥然不同。其中涉及的资产权属、风险分担、回报机制、价格调整等内容更是千差万别。因此，PPP 合同具有典型的复杂性。

二、PPP 合同的成熟性

按照学者考证，最为原始的 PPP 形式早在公元前 63 年就已经出现了。[②] 尤其是现代意义的 PPP 作为国家治理的重要工具广泛应用以来，世界各国或国际组织通过立法或技术指南等形式，都已经形成了较为成熟的合同文本，通过法律、政策、技术标准、合同范本的综合运用，系统地规范项目各方的交易行为。

---

① 参见国家发展改革委员会：《关于开展政府和社资本合作的指导意见》（发改投资〔2014〕2724 号）。

② 贾康、孙杰：《公私伙伴关系（PPP）的概念、起源、特征与功能》，载《财政研究》2009 年第 10 期。作者认为，罗马大帝授予 Salassi 部落征收通行费的特许权，是 PPP 最原始的形式。

（一）各国或国际组织已形成成熟的 PPP 合同体系

1. 英国

英国是世界上较早应用 PPP 模式利用社会资本建设公用设施项目、提供公共服务的国家之一。其 PPP 法律框架和政策的发展充分体现了英国作为普通法系代表国家的特点，即并未进行 PPP 模式的单独立法，而是通过标准化合同文本、政策指南和用户手册等形式实现 PPP 项目的实施和规范化。目前实施中的主要规范性文件有：《应对风险投资》《强化长期伙伴关系》《物有所值评价指南》《PPP 融资指南》《PPP 项目管理指南》《基础设施采购：实现长期价值》《竞争性磋商指南》等。

20 世纪末，英国开始推行社会资本融资计划（Private Finance Initiative，PFI），这是 PPP 的一种模式，其代表方式是以特许经营为基础的 DBFO（设计—建造—融资—运营）形式，这种形式可能依靠自身运营难以收回投资，往往还需要政府进行补贴。英国财政部于 1999 年颁布了第一份《标准化 PFI 合同》（Standardisation of PFI Contracts）。在实施了 700 多个 PFI 项目，总投资额达到 700 亿英镑的经验基础上，英国政府于 2012 年颁布了最新版本的《PPP 新模式》（A New Approach to Public Private Partnerships）和《标准化 PF2 合同》（Standardisation of PFII Contracts）两个核心文件。[①]

2. 联合国国际贸易法委员会

基于私人融资基础设施的发展趋势和各国立法实践，联合国国际贸易法委员会（UNCITRAL）在第 29 届会议上开始筹划私人融资基础设施的“立法和体制基本框架”工作。之后，经过连续几届会议的讨

① 2018 年 10 月 29 日，英国政府在其官网上发布的《2018 年预算报告》（《Budget 2018》）中宣布，不再使用 PF2 模式进行基础设施和公共服务采购。根据英国财政部的说法，造成这一情况的主要原因是政府部门大大提高了项目管理水平，使政府公共财政主导下的项目设计和建设能够在预定的工期和预算之内完成。PF2 项目实现物有所值的门槛大大提高了，导致更少的项目可以通过物有所值评价。

论和努力，UNCITRAL在2000年6月第33届会议上通过了《私人融资基础设施项目立法指南》，该文件的第四部分为“基础设施的建造和运营：立法框架和项目协议”，就PPP项目合同的核心条款编制进行了示范性说明。2003年该组织又起草了《私人融资基础设施项目立法条款范本》，该文件成为很多发展中国家PPP领域立法的主要参考。

3. 世界银行

世界银行组织在2015年发布了《推荐PPP合同规定报告》，并列出了通常需要的规定性语言。针对PPP项目政府和私营部门各方在进行内部和外部磋商期间收到的有关2015年报告内容的反馈意见，世界银行制定了《2017年版PPP合同条款指南》。①

该文件明确，合同制定者在合同起草时要考虑的一些关键因素，例如不同国家关于PPP合同的实践经验和不同的法律体系，这将有助于合同制定者评估自身PPP项目的一些具体问题和制定合同条款中的管辖权。

（二）我国PPP合同文本的标准化趋于成熟

我国PPP的立法实践可以追溯至20世纪末，早在1995年1月16日，原对外贸易经济合作部就发布了《关于以BOT方式吸收外商投资有关问题的通知》；2004年2月24日原住建部发布了《市政公用事业特许经营管理办法》，该文件在较长时间内都是我国市政公用事业领域规范政府特许经营活动的较高效力法律文件。② 为了施行《市政公用事业特许经营管理办法》，原建设部结合各行业的特点，先后制定了《城市供水特许经营协议示范文本》、《管道燃气特许经营协议示范文本》、《城市生活垃圾处理特许经营协议示范文本》、《城镇供热特许经营协议示范文本》和《城市污水处理特许经营协议示范文本》等

① 根据财政部与世界银行合作安排，财政部政府和社会资本合作（PPP）中心组织翻译了该指南，中文译名《世界银行2017年版PPP合同条款指南》。

② 该文件由住房和城乡建设部令第24号于2015年5月4日修改。

PPP 合同示范文本。PPP 项目合同标准化是通过对 PPP 项目合同进行规范并形成统一适用文本的活动，使其成为 PPP 项目进行过程中各方主体共同遵守的准则和依据。

2014 年以来，随着国家层面将政府与社会资本合作提升至战略高度以来，结合 PPP 政策体系的发展与完善，财政部和发改委各自推出了 PPP 合同操作指南，分别是财政部版的《PPP 项目合同指南（试行）》和发改委版的《政府和社会资本合作项目通用合同指南》。多部委联合发布的规章性质文件《基础设施和公用事业特许经营管理办法》也对特许经营协议应包含的主要合同内容进行了规定。行业协会如中国招标投标协会亦组织编制了《政府和社会资本合作（PPP）项目合作协议示范文本（试行）》。①

由是观之，无论是作为指导各国各行业 PPP 项目广泛使用的示范文本、操作指南，还是作为专家学者的理论研究成果，PPP 合同都具有作为有名合同的成熟基础。这些特别法、示范性文本对于 PPP 合同核心条款的规定，是实践中各种 PPP 操作模式的经验总结和法律表达，在逐步完善并经过法律抽象后就具备了进入合同法作为典型合同的条件。将 PPP 合同有名化，对于从法律层面规制 PPP 操作，推行 PPP 模式，实现 PPP 政企合作目的具有重大的理论价值和社会价值。

① 该示范文本为指导性使用文本，由协议书、通用条款和专用条款三部分组成。

第三章

PPP 合同有名化的法治价值

典型合同历来是各国民事立法的重要内容，当法律将一个合同类型当成一个规范模式（Regelungsmuster）明文地加以规范时，法律上为了指称的方便，势必给予该合同类型以一个特定的名称。现代社会随着新的交易类型不断涌现，典型合同的类型也不断增加。

我国《合同法》在制定之时已经非常注重借鉴比较法上的经验，但是，随着我国经济建设取得迅猛发展，无论是国内贸易类型的多样化抑或全球化背景以及“一带一路”国家间经济活动的频繁化，都使合同法对于有名合同的规定显得不足及滞后。迈入供给侧结构性改革的中国，面临全面转型升级的机遇与挑战。不断探索政府与市场的合作机制，是中国发展历程中一项艰巨而重要的任务。2014 年之后的中国 PPP 模式，不同于以往的各国实践，已然体现出大国转型的具体特征。[①] 在我国开始制定民法典各分编之时，我们应当秉持和谐法治理念，坚持与时俱进，继续完善合同分则的制度与规则，增加社会需要的新型典型合同，[②] 并注重吸纳国际上合同立法的先进经验，使《合同法》更好地回应和关照国家政策的实施。

① 何代欣：《大国转型下的政府与市场合作机制——中国 PPP 策略与事实》，载《经济学家》2018 年第 1 期。

② 王利明：《典型合同立法的发展趋势》，载《法制与社会发展》2014 年第 2 期。

一、PPP合同有名化是和谐法治的内在要求

按照“和谐法治”理论，和谐是法律价值体系的“元价值”，是法律制度和法律事件的“精神元素”，和谐精神生成为社会主义的核心价值，并成为主导法的精神的“中国元素”，进而加速推进形式合法性和形式正义的法治转型，即从以法而治和依法而治到良法善治、和谐法治的历史性、根本性转型。

和谐法治是在统筹兼顾过程中实现的，要兼顾效率与公平、兼顾公权运作与人权保障、兼顾传统性与现代性、地方性与全球性、兼顾前瞻性与保守性。① 统筹兼顾、协调各方面的利益关系，调动一切积极因素，这是党和政府的一贯方针，也是社会主义制度本身的优点与特色。②

与之相呼应，从PPP作为政府实现特定目标的工具的视角，即从PPP理念所折射的功能定位的差异性角度，PPP模式大致可以划分为三代。英国的PFI模式催生出第一代PPP，功能定位于政府采购公共服务之工具；法国特许经营的理念创新催生出第二代PPP，功能定位为撬动区域经济发展之工具；联合国推动实施可持续发展目标产生第三代PPP。第三代PPP强调实现以人为本和可持续发展，其实质是在项目交付与区域发展的基础上，通过公共项目的PPP模式实现经济社会的和谐发展。③

（一）PPP合同有名化能够实现外部法治和谐

党的十八届三中全会将政府和社会资本合作上升为改变国家治理

---

① 宋方青等：《立法与和谐社会：以人为本的理论基础及其制度化研究》，法律出版社2015年版，第31～46页。

② 张文显：《和谐精神的导入与中国法治的转型——从以法而治到良法善治》，载《吉林大学社会科学学报》2010年第3期。

③ 李开孟、伍迪：《PPP的层次划分、基本特征及中国实践》，载《北京交通大学学报》（社会科学版）2017年第3期。

方式、转换公共服务供给模式的重大举措。公私合作模式是由政府主导的公共服务机制创新，其要义在于重新分配国家与社会的公共治理责任。[①] 我国提出贯彻落实创新、协调、绿色、开放、共享的五大发展理念，这与联合国倡导的以人为本和实现可持续发展目标的要求高度契合，这就要求我国必须高度重视推广应用“可持续发展工具”的第三代 PPP。在第三代 PPP 的制度设计中，不能仅仅关注政府购买公共服务制度的完善，以及经济发展目标的实现，还要在更高的层面来理解和完善我国的 PPP 制度体系，从全局的视角完善 PPP 制度的顶层设计。

PPP 开启了政府与市场从替代到合作的新型关系的理性认识空间。法治是 PPP 模式题中应有之义。PPP 模式本身就是“在法律允许的情况下，市场力量与公共权力的合法结合”。[②] 从实践层面来看，PPP 模式对法治化要求极高，PPP 模式中多元主体要形成良性的、可持续的合作共治局面，需要构建一整套共同遵守的制度规则来规范彼此的合作互动关系，明确各自的权利和义务。

PPP 模式的推进实施将极大地调动民间资本参与基础设施和公用事业的热情，从法律的视域观察，PPP 制度就其本质而言乃是政府和社会资本方就共同提供公共服务，由各种基于自愿的合同而形成的合约网络，不同的 PPP 项目都是通过不同的合同模式来实现的。[③] 价值判断问题关注依据特定的价值取向，决定哪些利益关系适合采用民法手段进行协调。作为私法核心的民法，虽不承担着积极推动国家利益和社会公共利益实现的使命，但仍须发挥消极地保护国家利益和社会

① 梅扬：《公私合作模式中政府的法律责任》，载《中州学刊》2018 年第 8 期。
② 王伟：《PPP 模式与政府的法治思维》，载《中国党政干部论坛》2015 年第 6 期。
③ 李以所：《德国公私合作制促进法研究》，中国民主法制出版社 2013 年版，第 16 页。

公共利益的功能。① 因此，PPP 合同需要协调政府方、社会资本方和公众消费者的各方利益，将其列为典型合同进行规制，将有力彰显国家层面的立法取向和价值目标，从而在成文法层面实现立法成果与国家政策相互统一。

但是从法律层面上对于 PPP 立法可能性、PPP 模式的法律合同和风险控制、法律纠纷处理方式等方面的研究，则一直未引起足够的重视，鲜有全面深入的研究成果。导致各级政府部门在推广 PPP 模式的过程中，怵然发现没有相适应的法律法规。PPP 模式应有的内在价值和优势，尚未在我国的社会经济改革中发挥出其应有的作用。即使是 PPP 专业领域的专家和学者，在 PPP 模式的法律概念与法律定位等问题上，依旧存在巨大的分歧和争议。②

将 PPP 合同作为民事合同在合同法分则或 PPP 专门立法中予以落位，将有利于实现我国推广 PPP 模式外部法治环境的和谐。PPP 模式涉及税收、土地、贷款、保险、施工等多重环节，但目前缺乏对此进行专门的 PPP 程序设计，事后可能面临合法性风险。目前，由于政府和社会资本方合作法律属性的模糊，导致 PPP 模式与多个法律部门、多部法律法规存在矛盾甚至冲突。比较典型的法律包括《政府采购法》《土地管理法》《国有资产管理法》《税收征收管理法》等。③ 唯有首先明确 PPP 合同的法律属性，才能够对上述法律进行修订，实现 PPP 模式外部法律环境之和谐。

这一点上，德国的做法可资借鉴。其于 2005 年施行的《加速实

---

① 王轶：《民法原理与民法学方法》，法律出版社 2009 年版，第 29～32 页。

② 徐琳：《法国公私合作（PPP 模式）法律问题研究》，载《行政法学研究》2016 年第 3 期。

③ PPP 作为一种外部引入模式，其与我国现行法律之间的冲突是多层次、多维度的。囿于本书的研究方向所限，无法一一列举，而且也似乎不尽可能。择其要点，例如，《政府采购法》层面，PPP 采购与政府购买服务的关系问题；《招标投标法》层面，政府方是否可以在中标结果确定前与潜在社会资本方进行接触和谈判问题；《土地管理法》层面，非经营或准经营性 PPP 项目捆绑土地资源，与土地强制竞争性出让的关系问题以及 PPP 项目收益的缴税安排问题等。

施公私合作制及改善其法律框架条件法》，为推进本国特许经营类PPP模式，即在该法令中对于《反限制竞争法》《建筑业发包条例》《远程公路建设私人融资法》《联邦预算法》《土地购置税法》《土地税法》《投资法》等多部法律进行了修订，从而扫清了一系列的法律障碍。①

（二）PPP合同有名化能够实现内部法治和谐

PPP合同作为包含行政因素的特殊民事合同，单纯从立法技术和理论学说角度将其排斥于未来《民法典》的合同法分则，十分容易且必有其道理，但是在我国目前各个行业、各个领域大力推进PPP模式，同时又欠缺上位法约束的情形下，过分纠缠于法律属性问题而裹足不前，无异于因噎废食。PPP合同的有名化，意味着将行政权力契约化，坚定了社会资本方参与PPP项目的价值期望，明确了合同履行的过程以及合同不能完全履行时可能承担的风险。应该运用和谐法治理念，实现"良法善治"目标，这既体现立法者回应时代关切的智慧，又是敢于创新、引领立法进步的担当。

PPP模式是以特定契约为基础而形成的具有法律意义的契约关系，需要各方主体信守契约精神。这是PPP模式的根本属性和重要支撑，也是其实现有效治理的关键。尤其是PPP模式中各参与主体在自利动机的驱使下，任何一方都会力图获取更大的利益而承担更小的风险，这样极易引发个体理性与集体理性的冲突，陷入"囚徒困境"，而克服这种困境最好的方式是各方主体诚实守信、遵循契约精神，即通过法治来调节各方主体行为以规避其行为失范，并对失信行为予以矫正。② 总而言之，PPP模式集中体现为一种"制度之治"特别是

---

① 顾功耘：《当代主要国家公私合作法》，北京大学出版社2017年版，第407～414页。

② 孙翊锋：《PPP模式的治理逻辑、现实困境与发展路径——构建面向国家治理现代化的PPP模式》，载《湖湘论坛》2018年第6期。

“法律之治”，与“坚持依法治国、依法执政、依法行政共同推进，法治国家、法治政府、法治社会一体建设”的总目标相呼应，“是一种有效促进依法治国的制度创新”。[①]

“一个时代所允许的合同的种类恰巧与这个时代的必须具有表里相依的关系。”[②] 判断一个国家的民法典是否新颖，合同法分则的种类及编排是一个重要的指标。从新近编纂的《民法典》进行观察，合同法分则中有名合同的类别出现了扩张的趋势。有名合同的规范功能最主要表现在其强制性规定对争议合同的强制规整作用，以及其任意性规定对争议合同的补充调整作用方面。合同类别从外在形式上往往涉及一类行业或一类交易，从内容上则体现国家的政治制度、政策导向和文化传统，新合同类型的原创性和继受速度是和一个国家的经济发展水平成正比的。[③]

经过五年的探索，我国已经形成了具有中国特色，符合中国国情的政府和社会资本合作模式。这一模式既区别于以法国为代表的特许经营模式，也不同于以英国为代表的私人主动融资（PFI）模式，我国的 PPP 模式与其说是政府在基础设施和公共服务领域供给方式的转变，毋宁说是国家治理方式从依法而治到良法善治，以“共治”理念倒逼政府简政放权，实现行政权力契约化的过程。政府推广 PPP 模式的目的是以合作换取效率。“合作”是政府让渡基础设施独占权的动机，提高基础设施公共服务效率是政府与社会资本进行合作的最终目的。公私合作模式的本质是一种以合同为基础的治理模式。[④] PPP 合

① 张润君：《PPP 推进国家治理现代化的多元维度》，载《西北师大学报》（社会科学版）2016 年第 6 期。

② *Rudolf von Jhering*, Der Zweck im Recht, in: 5 Aufl. 1916, SS. 9 ~ 226. 转引自［日］我妻荣：《债权在近代法中的优越地位》，王书江、张雷译，中国大百科全书出版社 1999 年版，第 374 页。

③ 方新军：《关于民法典合同法分则的立法建议》，载《交大法学》2017 年第 1 期。

④ 陈婉玲：《PPP 长期合同困境及立法救济》，载《现代法学》2018 年第 6 期。

同目标应该是全寿命周期成本和质量的最佳组合及其动态优化。① 因此，将PPP合同定型化，将有助于落实法治目标，实现政策效果。以法治保障契约，按契约实现共赢，达致政府方、社会资本方和公众利益的和谐统一。

PPP合同有名化，将彻底消除现阶段PPP合同与政府特许经营协议纠缠不清的窘境。将PPP合同作为一般性合同，特许经营合同作为特殊性合同，明确各自的法律适用和规制原则。同时，在分则中的各有名合同中，准确把握PPP合同与其他典型合同，包括承揽合同、建设工程合同的相互关系，实现PPP合同内部法治环境的和谐。

二、PPP合同有名化是行政权力控制的实现路径

PPP合同一方主体为政府方，政府方主体经由与社会资本合作的方式来实现公共产品的供给，双方通过合同的形式来安排权利义务关系。因此，PPP各方需要具有确定性、可行性、可预测性、可救济性的法律制度生成。② PPP追求的新型公私合作伙伴关系模式客观必然要求高度的法治化、规范化。PPP合同的有名化，能够最大限度地降低行政权力的滥用，将公权力关进制度的笼子。同时，合作关系和合作内容的法定化，有利于明晰社会资本方的产权性质，激发和鼓励社会资本方参与PPP项目的热情。

（一）PPP合同有名化有利于将权力关进制度的笼子

"将权力关进制度的笼子"是习近平主席关于规范权力的科学论断。③

---

① 吉富星：《不完全契约框架下PPP项目效率困境与规范创新研究》，载《当代财经》2018年第4期。

② 高志宏：《"公共利益"：立法梳理与学术反思》，载《苏州大学学报》（哲学社会科学版）2013年第2期。

③ 习近平总书记在中国共产党第十八届中央纪律检查委员会第二次全体会议上，首次提出"把权力关进制度的笼子里"的要求。其后，《中共中央关于在全党深入开展党的群众路线教育实践活动的意见》将"把权力关进制度的笼子"作为一项制度要求加以落实。

由于权力天然具有滋生腐败的渗透性，因此应该用法律来规范权力，通过确立法治来对权力加以约束。如果政府方主体的权力得不到控制，经常被滥用来实施干预和控制，“就不会有市场”。[①] 法律应当规范权力的运行，为权力运行设定明确的范围、条件和界限。政府方作出决定和正确高效地实施，都要遵循法定的正当程序。构成正当程序的基本支撑是公正、公开、参与和效率。[②]

综观我国推行政府和社会资本合作模式以来，随着万亿级的项目落地，政府方、社会资本方、承包商、金融机构、保险机构等各方主体利益和复杂交易牵涉其中。PPP 项目规制客观上需要从粗放发展过渡到规范实施，从政策驱动到法律约束的阶段。一种社会关系，究竟是由政策来调整，还是由法律来调整，要依其性质和特点来决定。[③] 我国 PPP 模式推广的初始阶段，主要通过政策导向和效力层级相对较低的规范性文件或技术规范加以规制，是由法律的滞后性和我国推行 PPP 模式的特殊性决定的。而相较于政策调整，法律调整具有当然的稳定性、确定性和效力性。况且，合同有名化本身就具备实现国家政策的机能，改变基础设施和公共服务由政府单一主体供应方式，而转由与社会资本方合作供应，推行 PPP 模式是国家进行供给侧结构性改革、转变政府职能、发挥民间资本效用的最为重大的政策目标。将 PPP 合同作为一项法律制度，以有名合同的形式落位于《民法典》合同法分则部分，就是将 PPP 模式的定型化，将 PPP 合同双方交易关系的法定化。

PPP 合同的有名化，意味着将 PPP 合同中政府方行政性权力的使

---

① 郑成良：《法律、契约与市场》，载《吉林大学社会科学学报》1994 年第 4 期。

② 应松年：《把权力关进制度的笼子》，载《中国行政管理》2014 年第 6 期。

③ 张文显：《法治化是国家治理现代化的必由之路》，载《法制与社会发展》2014 年第 5 期。

用，限缩在最小的范围内。充分体现了“法无授权不可为”的原则，[①] 以“正面清单”方式对政府方权力进行管理。[②] 除非具有明确法律规定，否则政府方所有行为均应置于合同的框架内被解释、被遵守和被约束。从而真正实现将PPP合同中政府方的权力关进制度的笼子。

具体到PPP合同层面，如前述，其中真正系依授权而为的行政性权力，大抵包括政府采购、特许经营权的授予和政府方对于项目的临时接管。这些行政性权力存在于PPP合同中，不但不会影响PPP合同的民事属性，而且恰恰说明在复杂的交易规则中引入“公法管制”是为了避免过大的经济损失和公共利益受到损害。[③] 控制PPP合同中的行政性权力，主要包括以下内容：

政府采购阶段，政府方行使行政性权力的法律依据系《政府采购法》及其配套行政法规等；行使行政权力的主体主要是各级人民政府财政部门；行政权力的作用范围应为采购人、采购代理机构和供应商在PPP项目采购程序中的违法行为。

特许经营权的授予，政府方的行权依据为《行政许可法》，行权主体为政府或经政府授权的PPP项目实施机构，行政权力的边界应为特许经营权授予的期限、范围、价格确定标准及调价方式等。

政府方对于PPP项目的接管，其法律依据应为《物权法》中关于征收和征用的相关规定。[④] 政府方在PPP合同履行中得以行使征收和

---

① 2014年2月11日，李克强总理在国务院第二次廉政工作会议上指出：对市场主体，是“法不禁止即可为”；而对政府，则是“法无授权不可为”。确切地说，“法不禁止即可为”系私法自治原理的体现，而对于公权力的运行，则要求“法无授权不可为”。参见王雅琴：《论“法不禁止即可为”》，载《理论视野》2014年第4期。

② 梁立俊：《负面清单、正面清单和混合清单——也谈授权与禁止的法理边界》，载《理论视野》2014年第4期。

③ 王利明：《典型合同立法的发展趋势》，载《法制与社会发展》2014年第2期。

④ 《物权法》第42条第1款规定：为了公共利益的需要，依照法律规定的权限和程序可以征收集体所有的土地和单位、个人的房屋及其他不动产。第44条规定：因抢险、救灾等紧急需要，依照法律规定的权限和程序可以征用单位、个人的不动产或者动产被征用的不动产或者动产使用后，应当返还被征用人。单位、个人的不动产或者动产被征用或者征用后毁损、灭失的，应当给予补偿。

征用的条件，应限定为公共利益或抢险救灾等紧急需要。

（二）PPP合同有名化有助于保护产权制度

经济关系契约化，是市场经济的最本质法律特征。[①] 社会主义市场经济就是法治经济，而产权制度是市场经济的基石，保护产权制度是社会主义法治的必然要求，保护产权就是保护生产力。近年来，国家高度重视各类产权的法律保护，出台了系列政策文件和法律文件。[②] 在保护产权的系列举措中，增强政府践约履诺的能力，建设法治政府和诚信政府是其中重要的制度安排。

PPP模式在国际上多译为"公私合作伙伴关系"，昭示其重要特征之一就是公共部门能够利用私营部门的资金和技术优势与其共同提供基础设施和公共服务。在公共服务领域，根据我国经济制度的客观情况，虽然允许国有企业作为"社会资本方"参与PPP项目，但是引导民间资本进入公共服务领域仍然是推行PPP的价值目标之一。有研究者根据对民间金融规模的估计，推断目前民间金融规模达到4万亿元左右。我国社会资本参与的PPP现状表现为"国有资本热，民营资本冷"，民营资本参与的PPP项目无论是投资额、项目数量还是涉及领域都远远未达到民营资本规模的基本标准。[③]

在基础设施领域，要不断加大基础设施领域开放力度，除国家法律法规明确禁止准入的行业和领域外，一律向民间资本开放，不得以任何名义、任何形式限制民间资本参与PPP项目。在制定PPP政策、编制PPP规划、确定PPP项目实施方案时，注重听取民营企业的意见，充分吸收采纳民营企业的合理建议。主动为民营企业服务，不断

---

① 郑成良：《法律、契约与市场》，载《吉林大学社会科学学报》1994年第4期。

② 2016年11月4日中共中央、国务院印发了《关于完善产权保护制度依法保护产权的意见》，随后最高人民法院《关于充分发挥审判职能作用切实加强产权司法保护的意见》（法发〔2016〕27号）予以落实。

③ 高若兰、闫蕾、董雯：《新建PPP项目和存量PPP资产的出路探析》，载《管理现代化》2018年第4期。

优化营商环境，构建“亲”“清”新型政商关系，为民间资本参与PPP项目创造更加公平、规范、开放的市场环境。

国家保障各种所有制形式的社会资本方依法平等参与采用政府和社会资本合作模式的基础设施和公共服务项目。鼓励国有控股企业、民营企业、混合所有制企业等各类型企业积极参与提供公共服务，给予中小企业更多参与机会，大幅拓展社会资本特别是民营资本的发展空间，激发市场主体活力和发展潜力。任何单位和个人不得排斥或者限制非公有制社会资本方依法参与合作项目。对于社会资本方在与政府方长期合作过程中所形成的产权，应当得到保护。

从产权保护角度出发，政府方的诚信应该体现为严格遵守并切实履行与社会资本方订立的PPP合同，不因政府换届、领导更替而违约毁约，否则就应该承担相应的法律和经济责任。PPP项目的全过程都是通过合约对项目进行约束，因此PPP项目的顺利完成需要在整个建设周期注重契约精神。但政府部门一直处于主导地位、权威地位，对于契约精神认识不足。尤其是面临政府换届、重大政策调整时，政府部门之间推诿责任现象时有发生，损害了社会资本方的合法权益。长期以来造成了政府部门契约意识薄弱，官本位思想严重，影响和制约了PPP模式的推广和运用。李克强总理在党的十二届全国人大一次会议闭幕后，会见中外记者时再度提到：“保护产权必须要尊重合同，弘扬契约精神。政贵有恒，不能把合同当作废纸。”

从这个意义上讲，PPP合同有名化还具有极强的公示意义，回应了行政机关、司法裁判机关理性化需求。[①] 政企双方按照法律规定形成PPP合同的核心内容，针对PPP项目合作期限长且具有不完全性的特点，可以使历届政府方对于合同内容有所因循，对于合同再谈判、项目再融资的条件有所凭借。这既有助于防止政府方滥用行政权力干

① 杨小强：《非典型合同论》，载《中山大学学报》（社会科学版）1997年增刊。

预合同履行、任意解释合同条款，亦有助于保护社会资本方的产权利益。

三、PPP 合同有名化是合同法进步的体现

长期以来，典型合同及作为其载体的合同法分则一直是我国民法学界研究的薄弱环节，有关合同类型认定方面的成果尚付阙如，此方面科学性、深入性的研究成果更是闻所未闻。在相当程度上，没有对合同类型认定问题的深刻研究，合同法研究就难以走向深入。[①]

（一）典型合同立法是各国民事立法的主要内容

虽然学界尚存在民法法典化、解法典化和反法典化的论争，但是就我国民法典起草进程来看，应该说中国民法已经走向了法典化的“不归之路”。[②] 民法典是市场经济的基本法，市民生活的基本行为准则，法官裁判民商事案件的基本依据。现代立法中，典型合同立法的主要功能应当在于当一类合同被接受为有名合同后，可以为当事人提供可参照的合同条文并降低交易成本，为裁判者提供公正裁判的标准，公平分配交易风险，填补合同漏洞，[③] 该类合同中的一般性条款，一部分会被采纳为强制性规定，成为该类合同不能任意排除的准绳，并且在必要时践行特定的政策目的。[④]

典型合同的数量是评价《合同法》分则乃至整部《合同法》立法质量的重要指标之一，典型合同数量的欠缺将直接影响到对《合同

---

① 宁红丽：《我国典型合同理论与立法完善研究》，对外经济贸易大学出版社 2016 年版，第 13 页。

② 江平：《我国民法法典化的“不归之路”》，载张礼洪、高富平主编：《民法法典化、解法典化和反法典化》，中国政法大学出版社 2008 年版，第 1 页。

③ 宁红丽：《〈旅游法（草案）〉与旅游合同的有名化》，载《旅游学刊》2012 年第 12 期。

④ 黄茂荣：《法学方法与现代民法》，中国政法大学出版社 2001 年版，第 235 页。

法》质量的评价。[①] 比较我国现有的《民法典（草案）》及其学者建议稿，有名合同的数量普遍低于世界上其他成文法国家优秀民法典中典型合同的数量。例如，《德国民法典》第二编“债务关系法”，第八章“各种债务关系”中规定了19种有名合同；[②]《意大利民法典》第四编“债务关系”，第三章“各种契约”中规定了26种有名合同。[③]

我国现行《合同法》规定了15种有名合同，但是没有规定诸如通信服务、物业管理、住宿等日常生活中普遍使用的合同类型，也没有将一些特别法中的合同，包括旅游合同、保险合同、保证合同典型化。而对那些随时代发展进步而出现的新的亟须确认为有名合同的合同类型更是缺乏法律解释或补充。作为民法典重要组成部分的合同法，如果仅仅是借鉴既有的法律规则、模式、理论，甚至仅参照其他先例文本的合同类型进行整合与补充，而不能够提供因应经济全球化背景和“一带一路”倡议的中国方案、贡献中国智慧，则只会“沦为21世纪的尾声”。在确定如何将合同有名化时，应采用“类型观察法”并考虑当事人缔约的真实目的。我国未来民法典的债法编要引领现代合同法的发展方向，着力彰显民法典的“资讯集中”功能，[④] 吸纳各行业新的交易方式、新的经济活动类型，解决普遍存在的用现代

---

① 易军：《“中国民法典草案”合同法编分则部分的缺陷及其矫正》，载《浙江社会科学》2007年第2期。

② 分别是买卖、互易、分时居住权合同、关于长期休假产品的合同、媒介合同或交换系统合同、贷款合同、经营者和消费者之间的融资援助和分期供应合同、赠与、使用租赁合同、用益租赁合同、使用借贷、物的消费借贷合同、雇佣合同、承揽合同、居间合同、悬赏广告、委托、事务处理合同、付款服务。参见《德国民法典》，陈卫佐译，法律出版社2015年版，第155～282页。

③ 分别是买卖、附返还的证券转让、交换、评价契约、供应契约、租赁、承揽、运送、委托、代理商契约、居间、寄托、合意提存、使用借贷、消费借贷、交互计算、银行契约、永久年金、终身年金、保险、赌博及赌金、保证、信用委托、附果实抵充的不动产担保、和解、向债权人的财务的委托。也有学者观点认为，《意大利民法典》规定的有名合同数量较多，与其没有商法典的法律制度有关。参见《意大利民法典》，陈国柱译，中国人民大学出版社2010年版，第266～341页。

④ 王利明：《我国民法典重大疑难问题之研究》，法律出版社2016年版，第544页。

法律框架不能解决的合同类型所产生的问题。

民法典扩增典型合同数量，是我国民法学者和国际上先进合同法立法实践的共识。[①] 应兼顾三种立法价值：一是经济全球化发展趋势推动下的私法统一化；二是我国特定政治经济体制对私法可能造成的影响与约束；三是我国合同法自身演化状况及规律。[②]

PPP合同法律关系重要且复杂，现阶段主要由效力层级较低的规范性文件和政策性文件进行调整，缺乏上位法支撑。结合目前立法实践和进程安排，如果不能够实现PPP合同有名化，则未来特许经营类的PPP合同将有很大可能交由法律解释来调整，[③] 这样就会导致法律关系的不稳定。且在违约责任方面，我国《合同法》总则采取了严格责任原则。因此，一旦被认定为无名合同，就很有可能适用严格责任原则。[④] 而体现PPP模式“伙伴关系”特征的风险分担原则、维护公益原则等将无法有效落实。

PPP合同作为包含了行政因素的特殊民事合同，自2014年以来被各级政府和社会资本方反复大量使用，涉及投资金额巨大，合作周期跨越几十年，对于其交易过程、基本权利义务、法律适用等原则问题在《合同法》分则中予以确定，将对于稳定社会资本方投资预期，提高公共产品供应效率大有裨益。

---

① 国内学者中，王利明、梁慧星、徐国栋老师等分别在其各自主持起草的《民法典》（草案）中大幅度增加了有名合同的数量。其中王利明和梁慧星老师建议稿中典型合同数量均为30个，而徐国栋老师的草案稿典型合同数更是达到65个之多。我国台湾地区民法债编的修订，体现出“非典型契约典型化”的特点，法国民法学界亦有将无名合同进行更细致规定的做法，即将无名合同有名化。《欧洲示范民法典草案》也规定了商事代理、特许经营和分销、保证等我国《合同法》没有典型化的合同。

② 朱广新：《民法典之典型合同类型扩增的体系性思考》，载《交大法学》2017年第1期。

③ 最高人民法院现阶段正在制定关于行政协议的专项司法解释，并拟在2018年出台。

④ 战东升：《民法典编纂视野下的服务合同立法——日本立法经验及其借鉴》，载《法商研究》2017年第2期。

（二）PPP合同有名化是我国合同法学者的共识

鉴于大多数之任意规定及强行规定，存在于各种之债，即法定有名契约类型中，故关于契约法之法律适用，传统上，大陆法系之思考习惯，系以契约之定性为问题解决之出发点。① 在民法学界，梁慧星老师、王利明老师分别在其领衔起草的《民法典草案》（建议稿）中将PPP合同作为有名合同纳入合同法分则，其中梁慧星版建议稿称《项目建设运营合同》，王利明版建议稿称《工程建设运营合同》。

1. 梁慧星老师建议稿PPP合同立法介绍

由梁慧星老师领衔的中国民法典立法研究课题组于2002年完成《中国民法典草案建议稿》并陆续附加各编说明及立法理由。经2010年和2012年对草案条文的两次修订，现建议稿第四编为“合同”，其中第四十四章为“项目建设运营合同”，共设计10个条文，因本书需要对其文本进行比较分析，故全文转录于此。

第一千二百条（项目建设运营合同的定义）

项目建设运营合同，是指双方当事人通过招投标的方式订立的，由项目建营人对约定项目进行建设和运营，并在一定期限届满时将已完成项目交付给项目许可人并移转所有权的合同。

第一千二百零一条（项目建设运营合同的形式）

项目建设运营合同应当采用书面形式。

第一千二百零二条（项目建营人的资质要求）

项目建营人应符合项目所在国政府关于项目投资运营的有关资质要求。

第一千二百零三条（投资项目）

投资项目由项目许可人确定，并在确定项目建营人后将该投资项目在一定期间内授予项目建营人进行建设和运营，在期间届满后收回

① 陈自强：《民法讲义Ⅱ契约之内容与消灭》，法律出版社2004年版，第218页。

项目所有权。

第一千二百零四条（项目许可人的监督权）

项目许可人在不妨碍项目正常建设运营的情况下，有权对投资项目建设和运营进行监督、检查和审计。

第一千二百零五条（项目建营人的权利）

项目建营人在项目建成后可以依照合同约定经营和维护项目设施并有权通过收取使用费、服务费或者出售产品回收投资并取得合理的利润。

第一千二百零六条（项目经营权的转让）

项目建营人未经项目许可人同意，不得转让项目经营权。

第一千二百零七条（项目的交付）

项目建营人在经营期间届满后，应当按照合同约定将项目交付项目许可人。合同自项目许可人领受项目时终止。

第一千二百零八条（风险负担）

在建设运营期间，因不可归责于双方当事人的事由致使项目建设或者运营不能进行的，该风险的负担由双方当事人约定，没有约定或者约定不明确，依照本法第九百零八条第一款①的规定仍不能确定的，由双方当事人合理分担。

第一千二百零九条（对同类合同的准用）

建设、交付合同，建设、交付、运营合同，以及其他同类合同，准用本章规定。

2. 王利明老师建议稿 PPP 合同立法介绍

2002 年 12 月，王利明教授与中国人民大学民商事法律科学研究中心其他学者承担了教育部人文社会科学基地项目《中国民法典草案

① 梁慧星老师的《民法典草案》（建议稿）第 908 条第 1 款内容为：合同生效后，当事人就标的质量、价款或者报酬、履行地点等内容没有约定或者约定不明确的，可以协议补充；不能达成补充协议的，按照合同有关条款、合同性质和目的或者交易习惯确定。

建议稿及说明》，作为该项目研究成果的建议稿，其第七编为“合同”。“合同”编分则第十九章为“工程建设运营合同”。共设计 8 个条文，转录于此。

第一千五百四十条（工程建设运营合同的定义）

工程建设运营合同是指运营人进行工程建设并对工程进行运营，在合同约定的期限到来或合同约定条件满足时将工程交付许可人并转移其所有权于许可人的合同。

第一千五百四十一条（工程建设运营合同的要式性）

工程建设运营合同应当采取书面形式。

第一千五百四十二条（工程建设运营合同的生效）

工程建设运营合同需要依照法律或者行政法规的规定办理批准手续后，方可生效。

第一千五百四十三条（运营人的权利）

运营人有权运营建设工程并收取相应的费用和报酬。

第一千五百四十四条（运营权转让的限制）

未经许可人同意，运营人不得转让运营权。

第一千五百四十五条（运营人的容忍义务）

在不影响正常运营的前提下，运营人应当接受许可人对工程运营的检查、监督。

第一千五百四十六条（工程的风险负担）

在运营人运营工程期间，工程的风险由运营人负担。当事人另有约定或者另有交易习惯的除外。

第一千五百四十七条（法律适用）

本章没有规定的，适用建设工程合同以及买卖合同的有关规定。

下　篇

PPP 合同有名化的落实

第四章

PPP 合同订约原则

我们在之前的写作中，证成了 PPP 合同的法律属性为“嵌入了行政因素的民事合同”。因此在下文研究 PPP 合同订约、效力、履行、违约与救济各环节如何落位于民事法律规范体系时，必须正视和解决 PPP 合同所包含的行政性因素对其影响。民法调整对象的主干是商品经济关系，而商品经济的本质属性决定了商品交换关系在法律制度下披上了法律关系的“外衣”，其中起作用的是价值规律及市场供求，自由、平等、等价为主色调，无须行政机关的强制与行政法的调整。但商品经济天然地存在弱点，行政机关进入市场管理，适度干预，保护弱者显得十分必要。首先，我国实行的是社会主义市场经济，国家性质、国计民生及国家战略都要求行政机关适度“深入”市场之中，乃题中应有之义。其次，民法并非调整单色调的商品经济关系，而是全方位的平等主体之间的财产关系和人身关系。人身关系中的婚姻登记至少在中国是行政强制。最后，在现代立法技术上，为了便利和醒目，某些行政法规范出现在民法规范中毫不奇怪，甚至势所难免。[①] 因此，不能因 PPP 合同的民事属性而回避其所蕴含的行政因素。

PPP 是以契约的方式建立政府与市场的联系。就缔约环节而言，

① 崔建远：《编纂民法典时务必注意行政因素》，载《国家行政学院学报》2018 年第 1 期。

从世界各国的立法实践或操作指南来看，PPP 合同的订立适用政府采购程序，我国亦然。概因 PPP 的本质在于“公共部门不再是购买一项工程或者货物，而是按照约定的产出标准购买一整套服务”。[①] 我国 PPP 项目的采购方式包括公开招标、邀请招标、竞争性谈判、竞争性磋商和单一来源五种形式。

我国现行关于以竞争性方式进行采购的法律制度，存在政府采购活动适用财政部门主导的《政府采购法》，其他招投标活动适用发改委主导的《招标投标法》二者并立的局面。《政府采购法》规定的采购对象包括工程、货物和服务。政府采购工程进行招标投标的，适用《招标投标法》。这就意味着，政府采购 PPP 项目的社会资本方的过程，属于政府采购服务内容，从法律适用角度并不应该适用《招标投标法》。但是，由于 PPP 采购本身的复杂性，要求参与比选的潜在社会资本方应该具备项目投资、建设和运营的综合能力，因此按照现行的采购制度来选择社会资本方，就显得捉襟见肘。一些规范性文件中 PPP 政府采购程序，为了实现采购投资人与采购承包单位的所谓“两招并一招”，适用了只针对政府购买工程的《招标投标法实施条例》的规定，[②] 这要么是法律适用的错误，要么是规范性文件突破了上位法的规定。

政府和社会资本合作模式决定了 PPP 合同的订约规则不可能和普通民事合同完全一样，政府方或其授权实施机构具有双重身份，这是问题的核心。[③] 政府采购属于 PPP 合同订立的法定程序，而政府采购是典型的行政行为，这就产生了如下问题：第一，政府采购程序的法

① ［英］达霖·格里塞姆、［澳］莫文·K. 刘易斯：《公私伙伴关系：基础设施供给和项目融资的全球革命》，济邦咨询公司译，中国人民大学出版社 2008 年版，第 5 页。

② 例如，财政部《关于在公共服务领域深入推进政府和社会资本合作工作的通知》的规定：“对于涉及工程建设、设备采购或服务外包的 PPP 项目，已经依据政府采购法选定社会资本合作方的，合作方依法能够自行建设、生产或者提供服务的，按照《招标投标法实施条例》第 9 条规定，合作方可以不再进行招标。”

③ 王名扬：《英国行政法、比较行政法》，北京大学出版社 2016 年版，第 186 页。

定性，即采购人只能与经过评审程序中选的社会资本订立PPP合同，是否影响了民事合同的契约自由原则？第二，鉴于政府采购程序是典型的行政行为，则政府采购程序中的法律瑕疵是否对缔结的PPP合同效力产生影响？第三，民法中的重要原则，诸如平等性原则、诚实信用原则，如何在PPP合同中得以自洽和表达。

一、PPP合同平等性原则的特殊性

法律地位平等，实际上则是权利能力平等。① 平等原则是民事合同的基本原则。民事法律规范的平等性原则体现在法律地位平等、适用规则平等以及权利保护平等。② 但应当注意到，法律地位平等只是形式上的平等，是法律推定每个参与合同的当事人都具有平等的地位。至于现实生活中的诸多因素是否影响到了实际的缔约过程，则无法纳入考量的范围。

对于PPP合同当事人间的地位是否平等，历来多有争议。有观点认为，PPP合同与一般民事合同的本质不同，就在于PPP法律关系中政府方主体与社会资本方的地位不平等。③ 契约应当是基于平等主体间的合意，而政府和相对人之间的关系属于权力支配关系，PPP合同也是出于公共利益需要并为实现行政目的而缔结，PPP合同关系中的政府方主体具有发起项目、选择缔约方的优越地位，与社会资本方的地位不可能完全平等。基于平等关系的PPP合同甚至不存在成立的可能性。但是也有观点认为，PPP合同中的双方当事人可以在支配资

① 韩世远：《合同法总论》（第2版），法律出版社2008年版，第29页。

② 我国《民法总则》第2条规定："民事法律调整作为平等民事主体的自然人、法人和非法人组织之间的人身关系和财产关系。"对此，有学者持不同观点，认为"平等主体关系说"存在因果倒置的逻辑谬误，淡化了民法对平等的强调和追求而且又极易被举例证伪，因此应该被排除在《民法典》立法选项之外，参见蔡立东：《"平等主体关系说"的弃与留——未来〈民法典〉调整对象条款之抉择》，载《法学论坛》2015年第2期；徐国栋：《"平等主体"民法调整对象限制语研究综述》，载《北方法学》2009年第3期。

③ 杨解君：《行政契约与政府信息公开》，东南大学出版社2002年版，第97页。

源、决策能力、社会影响等方面事实上不平等，但是握有主导权的政府方却必须在 PPP 合同订立和履行过程中平等地对待不平等的社会资本方，否则就是违法或违约。[①] 易言之，PPP 合同是对政府特权的法律约束，这种约束的正当性基础不是公法，而是私法。

主张行政主体与相对人地位不平等的观点与早期国家以秩序行政为主的历史阶段相适应。那时国家的主要功能是国防和治安，主要通过发布命令、实施强制等传统高权行政手段，强调国家对人民的优越地位来实现行政的目标。当行政行为的内容不仅仅是单方消极地规制公共秩序，而是随着公共服务理念的扩张，同步地扩大至积极地提供公共服务之给付，行政机关除了单方高权性行政之外，更为经常地使用行政契约的行为形式。

现代行政法以人文主义为精神核心，以弘扬人的主体性和价值性，对人的权利的平等尊重和关怀为特质。其根本宗旨和意义在于把行政关系民主化，而不是把行政关系法制化。[②] 与现代行政观相适应，政府特许经营等典型的非权力性行政活动手段已在行政实践中获得了广泛的应用并有进一步丰富和发展的趋势。随着民主法治思想和和谐法治理念的进一步彰显，公共利益的法律价值得到极大提升，人格尊严与其他基本权利受到宪法庄严保护，社会公众已经不再仅仅是行政的相对人，而是被当作独立的法律主体和行政伙伴看待，与行政主体共同担负起了行政的责任。

因此，“认为公法关系即支配关系，公法行为即权力性行为的见解是不能赞成的，公法关系中也存在非权力服从的支配关系，故公法行为中也存在非权力性行为。在公法的关系上，不限于上下的关系，

① 于立深：《契约方法论——以公法哲学为背景的思考》，北京大学出版社 2007 年版，第 105 页。

② 崔卓兰：《论确立行政法中公民与政府的平等关系》，载《中国法学》1995 年第 4 期。

对等者的关系也可能成立”。[①] 平等观念是现代契约观念的前提条件，也是现代政治和法律的基础。法律面前人人平等既应是法律的基本观念，也应是基本的契约观念。平等不仅仅适用于私法主体之间，同样也包括了 PPP 法律关系中政府方与社会资本方的平等。

政府管制对全社会而言必不可少，这也是公共服务在传统上由政府供给的原因，即公共产品要想有效率地生产，就必须由政府补助或者政府提供。但令人遗憾的是，政府在解救市场失灵的同时，自己也容易陷入政府失灵。政府在提供公共服务的时候无法实现供给最优，承担公共责任而非以单纯的公共服务供给优化为条件是认识政府这一职能的核心要旨。为此，政府必须学会以包容性的，乃至平等的态度与市民社会共事。

政府与社会资本之间的资源整合、优势互补、合作供给等机制由此表现为 PPP 与社会善治的创新式结合，它能够在与社会资本方的共赢中实现公共利益、承担公共责任、回应民众诉求，是公共资源供给优化的创新与体现形态，不仅仅是当前财政资金限制条件下公共服务供给的不得已而为之，更是打造优化公共服务供给长效机制的有意为之，最终将成为公共服务供给走向善治的必由路径。因此，PPP 合乎逻辑地成为深化供给侧结构性改革的重要选项。[②]

当法律对行政的统治地位得以确立时，就意味着率性不羁的行政权从此被驯服，行政相对方的权利从此得到有力的保障，变得确定可靠。基于此，行政主体与相对方就可能建立起平等关系，形成良性的交涉互动。[③] PPP 项目必须以平等合同为基础进行运作，不需要公共

---

① ［日］田中二郎：《公法契约论序说》。转引自杨建顺：《日本行政法》，中国法制出版社 1998 年版，第 515 页。

② 欧纯智、贾康：《公共服务供给方式及其优化选择的框架式分析——兼论 PPP 是优化公共产品与服务供给的善治选项》，载《学术论坛》2018 年第 4 期。

③ 崔卓兰、蔡立东：《从压制型行政模式到回应型行政模式》，载《法学研究》2002 年第 4 期。

部门和私人部门直接签订合同的项目运作模式，不属于 PPP 模式。平等原则作为 PPP 合同订约的基本原则，主要体现为以下三个方面。

第一，从 PPP 合同订立的目的角度，双方所追求的合同目的是平等的。“伙伴关系”是 PPP 的首要特征，政府方与社会资本方能够形成伙伴关系的核心要件就是项目目标一致。政府方以与社会资本方合作的方式提供公共服务，其订约目标是公务的达成和公益的维护；社会资本方愿意参与 PPP 项目，承担项目融资、建设、运营和维护义务，其订约目标是可持续和可预期的合理回报。从这个意义上讲，二者的订约目标具有可比较性，而比较的结果应具有动态平衡的特征。即如果政府方认为采用 PPP 模式无法完成公务或者会损害公共利益、社会资本方认为参与 PPP 项目无利可图，任何一项条件的成就都会导致 PPP 合同无法订立。以特许经营项目为例，其核心是政府为了更好地实现公共利益，从监督者的角度，以民事合同为基础，使用政府有限的资源与私人部门换取相对高效的公共产品和公共服务。

依照这样的逻辑，为维护公共利益的需要和保证公共目的的实现，行政主体在契约关系中往往享有一些特权，那么这些特权应被看作对于公务达成和公益目标维护所必需的合同约定。在 PPP 模式中，公共部门的强制特权体现为：一是对合同标的享有决定权、选择相对方的权利，以及对合同履行的监督权和指挥权；二是对不履行合同义务的相对方的直接强制执行权、直接解除合同权和对严重违法的社会资本的行政制裁权，以及在公众利益受到严重影响时单方解除合同的权利。特权的产生和行使虽然在一定程度上排除协商和意思自由，行政主体的特权使之在特定情境下处于管理者的地位，但是这些特权的行使条件是内化为合同约定的，是社会资本方为实现经营目的认可政府方享有的。

第二，从 PPP 合同的内容来看，双方的权利义务配置是平等的。鉴于政府方为维护公共利益所需要单方享有的特权已经内化为双方的合同约定，因此任何一方都不再享有合同约定之外的特权。而且，非因社会资本方的过错或违约，即使政府方行使了单方变更合同，接管项目的特权，也需要给予社会资本方相应的补偿。可见，PPP 合同权利义务安排的平等性原则是有保障、可实现的。

平等是个相对性的概念，它并不意味着合同各方在权利义务配置上、在合同条款数量上的绝对相等，“平等不是别的，正是合理的差别对待”。[①] 采用政府和社会资本合作（PPP）模式，对于政府方而言解决了财政资金不足的困难，提高了公共服务的供给效率，但是风险同样突出：包括社会资本方资金是否能够足额及时到位，项目是否能够按期交付，将公共产品交给社会资本运营维护是否存有公共安全隐患等；从社会资本方角度出发，参与 PPP 项目也并非最佳经营模式选择，因为项目公司承担了项目融资、建设、运营和维护的全部商业风险，投资金额巨大且项目投资回报率低，但是最终吸引社会资本方的核心因素是长期稳定的合作，这对于保障企业经营秩序和稳定发展是至关重要的。从这个意义上说，PPP 合同的全部内容就是基于“平等地分配项目风险”原则，对项目实施流程的描述。因此“政府与社会资本方之间可能在具体的合同约定上不对等，然而个别权利义务的不对等并不意味着双方当事人的合同地位不平等。地位的平等既有权利义务对等的平等，也有权利义务不对等的平等”。[②] 因为这种平等性是一种法律拟制的平等，是法律基于对相对人利益的保护和风险分担要求的承认，主张双方都是平等的缔约主体、平等地适用法律规则、平等地受法律保护。当然，仅仅在法律上拟制政府方和社会资本方的地位平等是不够的，必须通过权利义务的分配确定与各自工作内容相适应的权利义务，方可实现双方的实质平等。

① 胡建森：《论公法原则》，浙江大学出版社 2005 年版，第 511 页。
② 杨解君：《论契约在行政法中的引入》，载《中国法学》2002 年第 2 期。

第三，PPP 模式较为成熟的国家和地区都认可 PPP 合同的平等性。

平等问题，在 PPP 模式较为成熟的国家，并不是一个十分突出的问题。以公共部门与私营部门合意为基础，以合同作为表达载体，本身就包含了平等的含义。在优益权制度较为发达的法国，政府方优益权的行使和相对人财务平衡的要求一直是相伴而生的，前者受到后者的限制和约束。在德国，变更合同的权利亦非政府方所独有，而是合同当事人共同享有。①

我国现行规范 PPP 模式的法律规范和政策文件，普遍认同 PPP 合同主体地位的平等性。鉴于 PPP 合同的订立过程适用《政府采购法》，依该法第 43 条规定："政府采购合同适用合同法。采购人和供应商之间的权利和义务，应当按照平等、自愿的原则以合同方式约定。"另如《关于在公共服务领域推广政府和社会资本合作模式指导意见的通知》（国办发〔2015〕42 号）在"基本原则"中规定：政府和社会资本法律地位平等、权利义务对等，必须树立契约理念，坚持平等协商、互利互惠、诚实守信、严格履约。类似规定还见于《关于规范政府和社会资本合作合同管理工作的通知》（财金〔2014〕156 号），作为 PPP 合同管理的核心原则，指出：在 PPP 模式下，政府与社会资本是基于 PPP 项目合同的平等法律主体，双方法律地位平等、权利义务对等，应在充分协商、互利互惠的基础上订立合同，并依法平等地主张合同权利、履行合同义务。可见，我国的 PPP 政策文件已经客观上适用平等原则对待不同国别、不同所有制结构的社会资本主体，而并不存在任何歧视和差别待遇。

① 我国台湾地区所谓"行政程序法"第 147 条第 1 项与《德国行政程序法》第 60 条类似，规定"行政契约缔结后，因有情事重大变更，非当时所得预料，而依原约定显失公平者，当事人之一方得请求他方适当调整契约内容。如不能调整，得终止契约"。

二、PPP 合同契约自由原则的特殊性

契约自由是由私法自治原则衍生出的一项法律原则，是私法上最为重要的原则之一。[①] 契约因当事人互相意思表示一致而成立，一方当事人自己受该契约拘束，并同时因此而拘束他方当事人。此种互受拘束乃建立在契约自由原则之上，即当事人得依其自主决定，经由意思合致而规律彼此间的法律关系。[②] 当然，此谓自由不是随心所欲，而是自愿的选择及自愿地为自己的选择承担责任。接受限制本身是选择的内在之意，而不是选择之后又受外在的限制。

契约自由原则，虽然不是私法自治原则的全部，但却是最重要的内涵。当事人互相意思表示一致，契约即成立。契约的效力，来源于当事人的合意。[③] 此意义下的契约，不仅限于债权契约，更有物权契约、身份契约，公法上也有所谓“行政合同”，国际法上国家与国家间亦有“条约”“公约”“国际协定”等。由此观之，契约并非民法所独有，而为全体法律所共通的制度。[④]

从“法无授权不可为”的行政法思维切入，依法行政原则的羁束作用与契约自由原则确立的“法无禁止即可为”思想显得是如此格格不入，如果仅考查 PPP 合同的行政性因素而不从整体把握 PPP 模式的功能和价值，得出 PPP 合同不适用契约自由原则的结论似乎显得顺理成章。因为“对政府部门来说，签订契约就是履行职权，而这种职权却完全不是自由决定权。无论在签约资格方面还是在选择共同缔约人

---

① 合同自由与法人格的确立、私的所有权的绝对性相并列，被称为近代私法的基本原理。参见［日］白羽佑三：《契约自由》，载《契约法大系 I》，有斐阁出版社 1962 年版，第 1 页。

② 王泽鉴：《债法原理》（第一册），中国政法大学出版社 2001 年版，第 73 页。

③ 孙学致：《由自由达致责任——关于契约自由的内在规定性理论》，载《吉林大学社会科学学报》2003 年第 1 期。

④ 陈自强：《契约之成立与生效》，台北，元照出版有限公司 2014 年版，第 154 页。

方面，均须经过审查核实”。[①] 然而，随着和谐法治理念的发展，行政主体享有了更加富有弹性的自由裁量权，在行政实践中发挥能动性、主动性，根据个案情况并结合行政目的而选择适当的行政手段，包括与相对人协商达成合意，通过签订 PPP 合同取代传统政府单方垄断提供公共服务的模式，不仅符合现代行政的要求，也契合了民主行政、服务行政、参与型行政的现代行政理念。

从这个意义上讲，政府和社会资本方自主决定将其签订的合同置于自己选定的法律制度之下，本身就是契约自由的实质体现。何况，PPP 合同之所以被称为“合同”，在于其以政府方和社会资本方的合意为基础。而合意是双方真实意思的表达，是自由意志双向的交流与沟通，这种合意只能以契约自由为前提。否定契约自由原则适用于 PPP 合同，必然会产生否定 PPP 合同的后果。[②]

在依法行政原则的支配下，政府方采用 PPP 模式缔结合同要受到诸多限制，因此，“契约自由原则在 PPP 合同中适用的程度与民事契约不同”。[③] 相较于普通民事合同，PPP 合同当事人的自由受到了更多的束缚与限制，对于行政主体尤其如此。同时，政府部门订立 PPP 合同亦不是为私益驱使，乃法定职责所在，故不享有私法意义上的完全自治，得受行政羁束。因此，PPP 合同订立过程中的契约自由，“是一种受到较多限制的自由，或者说，是一种有限的契约自由”。[④]

但是，PPP 合同的契约自由原则受到限制，其原因是政府方主体掌握着选择社会资本的评价标准和确定公共服务的质量标准，若不对其加以限制，行政主体很可能借助行政权力来干涉 PPP 合同的缔结，并在其中得到“权力寻租”带来的收益，反而是对社会资本方契约自

① ［法］让·里韦罗、让·瓦利纳：《法国行政法》，鲁仁译，商务印书馆 2008 年版，第 559 页。

② 施建辉、步兵：《政府合同研究》，人民出版社 2008 年版，第 49～53 页。

③ 余凌云：《行政契约论》，中国人民大学出版社 2006 年版，第 17 页。

④ 尹辛华：《公共工程与采购法》，汉兴书局有限公司 1998 年版，第 2～31 页。

由的干涉。因此，PPP合同中的自由原则的限制通常是对政府方主体而言的，它不是对契约固有属性的否定，而是在PPP合同中为行政权力或特权与契约的自由精神建立起一种良性的互动关系，实现公共利益与社会资本方投资利益的双赢。当然，对于社会资本方而言，由于PPP合同的公益性目的，尤其涉及公共服务和公用事业，社会资本方或项目公司不得拒绝社会公众缔约之请求。为此情形，社会资本方不但负有为消费者提供普遍无差别服务的义务，亦负有按照约定费率和标准收取服务费，而不得擅自调整价格的义务。此谓社会资本方的"缔约强制"，即消费者请求缔约时，项目公司负有缔结契约的义务。[①]

出于对于政府作为一方当事人的羁束，其在PPP合同中的契约自由受到多方面的限制。包括：（1）缔约方式的限制。PPP项目采购适用政府采购程序，应该遵循公开、公平、公正和诚实信用原则，通过竞争性方式选择符合条件的社会资本方。采购方式包括公开招标、邀请招标、竞争性谈判、竞争性磋商和单一来源采购。[②] 原则上对于需求长期稳定、合同交易边界清晰的项目，应该采用公开招标的方式。（2）缔约对象的限制。依据《政府采购法实施条例》的规定：采购人应当自收到评审报告之日起5个工作日内在评审报告推荐的中标或者成交候选人中按顺序确定中标或者成交供应商。这意味着，采购人只能选择排名第一顺位的候选人与之缔约，而非在候选人中自由选择。（3）合同形式的限制。PPP合同牵涉公共服务、利益主体多元、长期伙伴关系，因此需要以书面形式固定各方权益安排，是法定的要式合同。（4）合同内容的限制。政府方作为合同一方主体，其在PPP合同中可以"承诺"的全部内容，均需在其法定职责范围内为之，且须有

① 陈自强：《契约之成立与生效》，台北，元照出版有限公司2014年版，第166~167页。

② 此五种方式系《政府和社会资本合作项目政府采购管理办法》（财库〔2014〕215号）第4条之规定；其他PPP规范文件中略有不同，例如，《基础设施和公用事业特许经营管理办法》第15条规定：实施机构根据经审定的特许经营项目实施方案，应当通过招标、竞争性谈判等竞争方式选择特许经营者。

明确的法律依据。法定职责范围以外订立的特许经营协议，应属无效。

三、PPP 合同诚实信用原则的特殊性

（一）PPP 合同中缔约过失责任的构成

PPP 合同订立阶段是依政府采购程序进行的，是一种行政行为。诚实信用作为大陆法系国家民法基本法律原则，[①] 于行政法律的重要运用体现为信赖保护。政府授予特许经营权的 PPP 项目中，政府特许经营协议属于行政合同。在行政法中最能够直接体现诚信原则的就是信赖保护原则。[②] 在具有行政合同制度的大陆法系国家，虽没有在行政合同制度中直接规定缔约过失责任，但许多国家关于行政合同补充适用民法典的有关规定，使缔约过失责任在行政合同制度中取得了存在的空间；也有学者观点认为民法上的缔约过失实际源自公、私法领域所共通之诚信原则，而诚信原则亦是行政法领域之重要原则，如此一来便无须借用民法之规定，而可在行政法领域自行导出权利依据。[③] 德国和我国台湾地区“行政法”上有所谓“政府信赖保护”，[④] 私法上有所谓“缔约上的过失”，可以适用于政府特许经营协议。

论及缔约过失责任，人们会认为其是大陆法上的规则。其实英美法虽然以适用信赖法则使当事人获得期待利益补偿，但在现代合同法

① 大陆法系国家普遍承认诚信原则作为民法的基本原则，但英国法则采取完全相反的立场，认为诚信原则过于抽象化，并无明确之判断标准，影响法律的明确性与安定性。参见陈聪富：《契约自由与诚信原则》，台北，元照出版有限公司 2015 年版，第 105 页。

② 周佑勇：《行政法基本原则研究》，武汉大学出版社 2005 年版，第 228 页。

③ 江嘉琪：《德国（含欧盟）行政契约理论发展之趋势》，载我国台湾地区“行政法学会”：《行政契约之基础理论、法理变革及实务趋势/行政程序法之最新发展》，台北，元照出版有限公司 2013 年版，第 23 页。

④ 《德国联邦行政程序法》第 48 条第 2 款规定，“如受益人已信赖行政行为的存在，且其信赖依照公益衡量在撤销行政行为时需要保护，则不得撤销。受益人已使用所提供的给付或其财产已作出处分，使其不能或仅在遭受不合理的不利时方可解除其处分，则信赖一般需要保护”。

判例中，仍然肯定缔约过失责任对于保护合理信赖所具有的重要意义。[①] 英国主要通过“合法预期”原则，[②] 美国主要通过“允诺禁止反言”原则确立缔约过失责任的基本理念，[③] 欧洲合同法原则认为，双方当事人享有是否订立合同的自由，故合同磋商失败任何一方均无须承担责任，但是同时规定悖于诚信进行磋商或中断磋商应承担赔偿责任。[④] 关于PPP合同的缔约过失责任的构成要件，结合行政法原理和民事合同规则，构成PPP合同之缔约过失责任应当符合下列要件：（1）行为发生在PPP合同缔结过程中；（2）缔约一方违背了法定义务；（3）主观上具有过错，包括故意；（4）PPP合同不成立、无效或者被撤销；（5）缔约对方当事人的信赖利益受到了损害。

上述要件中，具有较为独特的行政法特征，且在PPP合同订立过程中容易产生争议的条件包括两个，即政府方主体在合同缔结过程中先合同义务的样式和应受保护的信赖利益的边界。

1. 政府方在PPP合同订立过程中的先合同义务

缔约上过失责任的基础在于违反通知、示明、保护及照顾等义务。先合同义务并非自缔约双方一开始接触即产生，但是当事人之间从缔约交涉开始，就会产生以信赖关系为基础的法定债务关系。[⑤] 在我国的合同法框架内，先合同义务包括诚信缔约义务、告知义务和保

① 马新彦：《现代私法上的信赖法则》，社会科学文献出版社2010年版，第317页。

② 余凌云：《英国行政法上合法预期的起源与发展》，载《环球法律评论》2011年第4期。

③ 美国亦有学者认为，无论存在“契约”与否，政府方对社会资本方做出的许诺，都构成了该公司信赖利益的允诺。因此，这一允诺导致的如果不是预期损害赔偿，至少是对信赖损害的救济。参见［美］J. 格里高利·西达克、丹尼尔·F. 史普博：《美国公用事业的竞争转型：放松管制与管制契约》，宋华琳、李鸻译，上海人民出版社2012年版，第211页。

④ 卢谌、杜景林：《论缔约过失的基本问题及体系构建》，载《甘肃政法学院学报》2007年第1期。

⑤ 刘得宽：《民法诸问题与新展望》，中国政法大学出版社2002年版，第487页。

密义务。[1] 具体到 PPP 合同的缔结中，除了不得违反上述民事规范的先合同义务外，还应包括：

（1）政府方不得违背权限的义务。政府方主体必须在法定的职权范围内做出行政行为，必须符合一定的权限规则，这是依法行政的基本要求。PPP 合同作为政府方的一种行为方式，也必须符合这一要求。政府方违背权限规定的情况，一是根本无权缔约，二是超越权限缔约。无论是政府方无缔结权限，抑或超越缔结权限与社会资本方缔结 PPP 合同，进而导致合同无效、不成立或其他损失的，政府方均应当承担缔约过失责任。PPP 合同确认谈判结束后，依据《政府和社会资本合作模式操作指南（试行）》的规定，公示期满无异议的项目合同，应在政府审核同意后，由项目实施机构与中选社会资本签署。可见，“政府审核同意”是实施机构得以缔约的前提条件，违反这一前置要件将导致实施机构订立合同效力瑕疵。

（2）政府方不得违背行政合同容许性的义务。体现行为有据的“法律保留原则”在政府和社会资本的合作模式应该具有重要意义。如果法律就政府方必须亲自履行某一行政事务做出明确规定时，行政机关就不得违法适用 PPP 举措。[2] 从这个意义出发，加快 PPP 立法具有迫切性和重要性，因为 PPP 项目提供基础设施和公共服务，涉及公民基本生存权、关系民生保障，这些公共事务的重要性标准应该按照法律保留原则来处理。在我国，目前行政协议的容许性问题并没有得到解决，允许政府方主体缔结合同的法律法规，多为程序性规范，包括《行政诉讼法》及其司法解释等，而在实体法层面规定政府合同的文件，大多效力层级较低，例如国土资源部的《协议出让国有土地使用权规定》《珠海市政府合同管理办法》《长沙市政府合同审查与管

---

① 韩世远：《合同法总论》，法律出版社 2008 年版，第 107～117 页。

② 敖双红：《公共行政民营化法律问题研究》，法律出版社 2007 年版，第 82～85 页。

理办法》等。

如果政府方主体违反行政职责和行政目的，将不得采用合同形式实施的行政行为，通过与相对人缔结行政合同予以实施，并导致该合同无效或被撤销的，将依法应当承担责任。[①] 目前，我国现有的 PPP 法律文件中，政府得以与社会资本方缔结 PPP 合同的领域包括基础设施和公共服务两部分，其中基础设施和公用事业领域可缔结 PPP 合同的行业包括能源、交通运输、水利、环境保护、市政工程，其法律依据为发改委等六部委《基础设施和公用事业特许经营管理办法》；公共服务领域可缔结 PPP 合同行业包括能源、交通运输、水利、环境保护、农业、林业、科技、保障性安居工程、医疗、卫生、养老、教育、文化等，其法律依据为国务院办公厅《关于在公共服务领域推广政府和社会资本合作模式的指导意见》。

（3）政府方主体不得滥用特权的义务。政府方主体对于合同订立及履行过程的合理干预，应仅以实现和维护公共利益需要，否则即为滥用职权、违法行政的违约行为。政府方主体在 PPP 合同的缔结中滥用特权的行为主要有：政府方强制社会资本方缔结契约，或者违法选择对方当事人。强制缔结契约，违背了契约自愿原则；政府方主体违法选择当事人，违反了公开、公平、公正和诚实信用原则。如此，因政府方主体在订立 PPP 合同过程中，滥用特权进而损害相对人的利益的，也构成缔约过失责任。但是，政府方出于公共利益需要的情况除外。[②]

（4）社会资本方不得隐瞒其缔约能力的义务。作为当事人的公民、法人或其他组织缔结普通民事合同，只需具备相应民事行为能力即可。但 PPP 合同之目的系提供公共产品和服务，对社会资本方的履

① 施建辉、步兵：《政府合同研究》，人民出版社 2008 年版，第 102 页。

② 吴晓静：《行政契约缔结初探》，载《广西政法管理干部学院学报》2003 年第 4 期。

约能力提出了较高要求。因此，企业欲成为PPP合同的主体，仅具有完全民事行为能力是远远不够的。根据现有的政策文件要求，适格的社会资本方应该具备投资、建设、运营和维护PPP项目基础设施或提供公共服务的能力，因此政府方在采购条件中往往对其融资能力、信用等级、企业资质提出了评价性要求。

此时，如果社会资本方不具备法律规定的供应商条件或者不具备PPP项目要求的资格条件，不得故意向政府方主体隐瞒其缔约能力，使政府方出于对其履约能力的重大误解而签订合同。否则该合同即属于可撤销的PPP合同，政府方通过向人民法院或仲裁机构行使撤销权撤销该合同后，有权追究社会资本方的缔约过失责任。

不仅如此，我们还要看到PPP合同中政府方主体与潜在社会资本方之间的谈判能力不平等的现状。在PPP合同缔结过程中，政府方是项目发起者，又是主导者，PPP合同是否缔结以及如何缔结虽非其单方决定，但在很大程度上又取决于政府方主体对公共利益和行政目标的考量，政府方处于缔约上的明显优势地位。为了充分保障社会资本方的信赖利益，应当对所缔结的PPP合同的主要内容和可能的风险向社会资本方做出明确、充分的披露，对社会资本方就相关问题提出的询问和质疑，应当做出快速、明确、真实的答复。否则，也构成对法定义务的违反而由其承担相应的缔约过失责任。PPP项目采购过程中的市场压力测试、推介说明会、答疑及合同确认谈判等机制的设计，都是保障社会资本方能够充分获得项目信息、识别项目风险的途径。

2. 缔约对方当事人的信赖利益的边界

无论大陆法系还是英美法系，信赖利益原则均发端于《合同法》，而后延展至整个民法领域，甚至扩张至公法领域。[①] 广义的信赖利益泛指对赋予了信赖的当事人予以法律保护的利益，以避免其因信赖而招致损害。这种信赖利益，是普遍适用的法律原则，无论于公法或私

① 马新彦：《现代私法上的信赖法则》，社会科学文献出版社2010年版，第3页。

法领域，甚至无论成文法上对其有明确规定与否，只要当事人的信赖是合理的，即应得到保护。PPP 合同订立过程中，各方当事人信赖利益的构成要件包括以下方面。

（1）受诺人对许诺确实信赖。受诺人基于对许诺的信赖而实施了许诺人所希望或者所指示的行为，此为确定的信赖。受诺人的行为属信赖行为或信赖表现。例如，在 PPP 合同订立过程中，潜在社会资本方对于政府方发布资格审查公告，而组织专业人员编制资格审查响应文件的行为，即属确实信赖。于此情形，如果政府方在资格预审公告或招标公告中提供了虚假信息，如项目初步方案设计并未完成，项目用地尚未征拆完毕等重要信息，则需承担缔约过失责任，应赔偿潜在社会资本方组织编制投标文件的费用。当然，如果社会资本方弄虚作假，骗取中标亦应承担责任，范围可能包括政府方编制实施方案、编制物有所值评价报告和政府财政承受能力报告所发生的合理费用，组织招标所产生的成本开销等。确定信赖的存在，是信赖保护的基础和理由。

（2）该信赖值得保护。信赖须合理，即值得保护的信赖须是“正当的信赖”。所谓“正当的信赖”，例如 PPP 项目采购阶段，出于对依法行政原则的认知，社会资本方对于政府方缔约的合法性、缔约和履约的能力深信不疑。我国的招投标制度中规定了招标人有权终止招投标活动而无须法定事由，但是在政府采购程序中，非因法定事由，采购方是不得暂停或终止采购活动的，这就赋予了供应商合理的期待和信赖。

（3）该信赖利益受法律保护。信赖应受法律保护是信赖正当和信赖合理的自然延伸。这意味着确实的合理信赖本应自然受到法律的保护，但信赖法则是相对人的信赖利益与公共利益相互平衡的产物。由于采用 PPP 模式的目的是实现公共利益，如果为了保护信赖利益而损失了具有更高价值的公共利益，则有违信赖法则。依据我国《行政诉讼法》相关司法解释规定，政府特许经营协议被确认为无效的，由人民法院根据合同法的相关规定处理。这意味着缔约过失责任可以适用于政府方。

（二）PPP合同缔约过失责任的承担

PPP合同在缔结阶段经历了政府方和社会资本方互为意思表示的过程，如果意思表示能够达成一致即PPP合同成立，经政府部门批准后发生法律效力。PPP合同内容应该得到遵守，一方违反合同义务，相对人得以主张承担违约责任。唯一方因缔约上的过失，导致合同不成立、无效或被撤销，这种情况下，相对人无法通过追究对方的违约责任来实现权益的维护和利益的平衡。故可以主张缔约过失责任保护其信赖利益。PPP合同由于政府方主体身份的双重性，导致缔约过失责任承担的主体和承担的方式都有别于一般民事合同。

1. 政府方得成为信赖保护的主体

在传统行政法上，行政机关以单方行政高权的行使作为实现行政目标、执行公共事务的主要方式。因不涉及双方协商共同处理公共事务的情况，故自然不产生向行政对象主张“缔约过失”的权利。尤其在实施授益性行政行为后，又认定该行为无效或予以变更和撤销的情形，只能是相对人向行政机关主张信赖损害。政府依行政机关的身份处理行政事务过程中，对于相对人有违诚实信用的行为，可以行政权力处分之，国家无须对人民主张信赖保护。[①] 所以有观点认为，行政协议上的缔约过失，是指在行政协议订立过程中，因行政机关一方违背诚实信用原则所应负有的义务，使行政相对人信赖利益遭受损失，而应当承担法律责任的情况。[②]

但是，PPP合同的特点就在于政府和社会资本方通过建立伙伴关系，各自发挥在政策供应和资源供应方面的优势，向公众更为高效地

① 陈敏：《行政法总论》，三民书局1999年版，第84页。

② 江必新、梁凤云：《最高人民法院新行政诉讼法司法解释理解与适用》，中国法制出版社2015年版，第149页。

提供公共产品和服务，平等协商是PPP合同权利义务得以落实的基础。而合同订立的诚实信用原则，应为合同双方共同信守，政府方在PPP合同中多以一方当事人的身份行为，因此在社会资本方存有缔约过失行为时，政府方应可以通过主张权利填补利益损害。例如社会资本方提供了虚假的资信证明或者企业资质，致使其无法进行项目融资或者建设。在这种情况下，如果否认政府方作为主张缔约过失责任的主体，不仅可能因为政府方权限之限制无法直接追究对方当事人的行政责任，而且可能导致项目实施遭受阻碍，损害社会公共利益。否定政府方主张追究缔约过失责任的权利，与契约公平、平等之法治理念背道而驰。缔约过失责任适用于政府方的信赖利益保护，也是PPP合同民事属性的应有之义。

2. 社会资本方承担缔约过失责任的行政措施

（1）赔偿损失。信赖法则的后果将使未成立的法律行为发生有效成立法律行为的法律效力；使无效的法律行为具有有效法律行为的法律效力。PPP合同当事人基于对相对人的合理正当信赖，而遭受了信赖损失，应当得到补偿。此种信赖利益的损害不限于实际发生的财物损失，尚有因为信赖合同的有效成立导致的信赖利益的损害。这种责任承担方式意味着缔约过失责任是补充责任，有利于拘束当事人依诚信原则磋商订立合同。

（2）强制缔约和强制履行。即便社会资本方承担了缔约过失责任，对于政府方予以赔偿，有些情况下并不能够解决PPP项目因此遭受延误或中断的问题，进而影响公共服务的提供，使社会公众利益受损。为此情形，社会资本方承担缔约过失责任的方式还应当包括强制缔约甚至强制履行。使双方当事人欠缺有效要件的合同赋予有效合同的法律效力，以保障PPP项目的正常进行和公共产品的持续供应。当然，政府方要求社会资本方强制履行合同，需通过人民法院非诉行政执行程序得以实现。

有学者观点认为PPP合同缔约过失责任是行政责任而非私责任，

其责任承担方式还应包括行政处罚。即社会资本方在缔约过程中存在过错，损害了政府方信赖利益和社会公共利益，承担赔偿责任的同时还应承担行政违法责任，接受行政机关行政处罚，以保证行政管理的有效性和连贯性。[①] 这种观点是无法让人同意的：首先，行政处罚的设定和实施是基于法律规定而绝非合同约定，没有法定依据或者不遵守法定程序的，政府方无权对社会资本方实施行政处罚；其次，如果社会资本方在缔结 PPP 合同过程中有违反行政法规定或损害社会公共利益之行为的，政府方对其施以行政处罚并非基于合同一方当事人的身份，而是基于行政主体的身份。相应地，社会资本方行为在法律上的可处罚性，同样与其合同当事人的身份无关，其承担的行政责任也不是缔约过失责任。将行政处罚作为社会资本方承担缔约过失责任的方式，是混淆了缔约过失是合同责任的本质，而非广义信赖损害的赔偿。

① 施建辉：《行政契约缔结论》，法律出版社 2011 年版，第 142 页。

第五章

PPP 合同效力规则

PPP 项目经过竞争性政府采购程序，政府授权的实施机构应与中选社会资本方或者项目公司订立书面合同。PPP 合同作为嵌入了行政因素的民事合同，合同法规范关于合同效力类型的规定，当然适用于 PPP 合同，自无异议。但需要注意两个方面的问题：一是合同法中效力层次与 PPP 合同的适应性问题。包括效力待定类型或可变更合同类型，于 PPP 模式中是否是常态。更进一步，可撤销类型中，所谓乘人之危的情形，于 PPP 合同中是否具有必要性。从保障公共利益角度出发，应尽量维持 PPP 合同效力，避免陷入“无效性陷阱”,[①] 令各方对于缔结 PPP 合同忧心忡忡，望而却步。二是亦要正视 PPP 合同中的行政性因素对于合同效力的影响，包括行政决策程序和行政审批程序对于政府方缔约合法性和缔约权限的影响。

比较法层面，关于特许经营合同的效力问题，英美法系国家倾向于适用私法契约的效力规则处理，但这种实践也遇到了一些挑战；法国则倾向于适用单方行政法律行为的效力规则；德国、葡萄牙等则似乎在适用私法契约规则和适用单方行政法律行为的效力规则两种方案之间左右权衡。由此可见，无论是哪一法域，目前都没有从理论及立

① 江嘉琪：《德国（含欧盟）行政契约理论发展之趋势》，载我国台湾地区“行政法学会”：《行政契约之基础理论、法理变革及实务趋势/行政程序法之最新发展》，台北，元照出版有限公司 2013 年版，第 19 页。

法上很好地解决PPP合同的效力问题。

一、PPP合同的生效

PPP项目社会资本采购适用政府采购程序，原则上应以公开招标方式为主。大抵需要经过资格预审、出售招标文件，投标、开标和评标，合同签订前确认谈判和授予合同一系列法定程序。区别于一般政府采购行为，PPP合同采购过程的信息公示的内容、范围和时间标准都要求较为严格。要求在省级以上财政部门指定媒介公示预中标信息、合同谈判备忘录、响应文件和拟定PPP合同文本等，公示期满后还要公示成交结果，并在中标通知书发出后30日内订立正式的PPP合同。

民法关于合同效力的规则适用于包含行政因素的PPP合同，许多大陆法系国家通过立法对民法关于合同效力规则的适用予以肯定。[①] PPP合同的生效条件和对外效力方面，由于受到合同中所包含的行政性因素的影响，因而具有一些特殊性。

（一）PPP合同生效的条件

PPP合同作为一种法律行为，其有效是指完全地发生了意思表示所表达的法律后果。依现行法律规定，PPP合同生效当然适用民事法律行为生效的一般要件即：（1）当事人缔约时具有相应的缔约能力；（2）当事人意思表示真实；（3）合同的内容和目的不违反法律、行政法规的强制性规定，不损害国家或者社会公共利益。

对于PPP合同而言，鉴于实施机构往往是经政府授权，获得了与社会资本方缔约的权利，而且PPP合同牵涉公众福祉，涉及投资额度

① 如《德国行政程序法》第59条第1款规定，“因准用民法典规定而生无效性的，公法合同无效”。《葡萄牙行政程序法典》第185条“合同的非有效性制度”亦规定，“民法典有关意思欠缺及瑕疵的规定，适用于所有行政合同”；“如果行政合同标的同样适合于民法合同，适用民法典规范法律行为非有效性的规定”。参见步兵：《论行政契约之效力状态》，载《法学评论》（双月刊）2006年第4期。

大、利益群体广泛、合作周期较长，因此，PPP 合同成立后往往还需要经过有权机关的批准方能生效。①

此外，为确保项目融资、项目审批等对项目实施具有重要影响的核心条件能够如期落实，PPP 合同往往会附上一些生效条件，较为常见的有社会资本方完成项目融资交割合同方为生效，政府方完成规划、土地供应等审批事项后合同方为生效等。

（二）PPP 合同效力的特殊规则

1. PPP 合同的公定力

一般来说，普通民事合同仅具有相对效力，即合同效力仅及于订立合同的当事人之间，只有在法律有特别规定的情形下才对第三人发生效力。也就是说，民事合同不具有对世效力。与此相反，单方行政法律行为具有公定力，具有对世效力。

对于民事合同，民法理论及法律制度一般不作有效推定。也就是说，在合同当事人对合同的效力有争议的情况下，只有首先通过法定程序解决了合同争议并确认合同有效的前提下，方可强制履行或追究违约责任。在有关合同效力的争议尚未解决、合同未被确认为有效之前，不得强制履行或追究违约责任。与此相反，行政法理论及法律制度对已经成立的单方行政法律行为，除法律明确规定为无效的以外，一般都推定有效。即使行政相对人或行政第三人对单方行政法律行为的效力有异议并依法申请行政复议或提起行政诉讼，在法定的复议机关或人民法院没有做出发生法律效力的撤销决定或撤销判决、无效确认决定或无效确认判决前，单方行政法律行为依然有效且可以依法强制执行，这也是单方行政法律行为公定力的应有之义。②

---

① 根据财政部《政府和社会资本合作项目政府采购管理办法》（财库〔2014〕215 号）文件的规定，项目采购文件中应当明确项目合同必须报请本级人民政府审核同意，在获得同意前项目合同不得生效。

② 蔺耀昌：《行政契约效力研究》，法律出版社 2010 年版，第 83 页。

对于PPP合同而言，其公定力核心要求有两个：一是对已经成立的PPP合同做有效推定；二是PPP合同应经由公示制度具有对世效力。

（1）PPP合同的有效推定。PPP合同的订立过程经由项目的识别、准备和采购过程。项目识别阶段通过物有所值论证，证明采用PPP模式的必要性；通过政府财政承受能力论证，证明政府的支付义务在可承受范围内，从而论证在财务指标上PPP模式可行；项目准备阶段政府方经由高级决策程序，一般为政府常务会议对项目的实施方案进行批准，确定项目的核心边界条件和操作路径；在项目采购阶段，经由资格审查，招标与投标，决标与授标阶段，充分的信息公示和谈判基础上，方始订立合同。可见其合同决策和订立程序较一般民事合同严格复杂得多，因此对PPP合同效力做有效推定既是对于订约程序的认可，也是保障政府方主体行政效率的需要。

（2）PPP合同的对世效力。这个问题可以从两个方面进行论证：第一，PPP合同信息公开制度，使PPP合同对世效力具备技术可行性。PPP模式的全部过程，包括项目的识别、准备、采购、执行和移交，各环节的主要文件都应当依法进行信息公开，供公众知晓。如果PPP合同的对世效力以合同“相对性”原理简单予以否定，那么PPP合同就没有如此严苛的公示义务。第二，PPP模式的公益优先原则，使得PPP合同的对世效力具备必要性。PPP合同政企合作提供基础设施公用事业和公共服务的特性，一方面通过特许经营权的授予使社会资本方获得了向使用者收取费用的权利，另一方面通过信息公示承担了接受社会公众监督履约的义务。在这个意义上社会资本方和社会公众都是要受到PPP合同中产品质量、服务水平、收费标准等内容的约束的。

2. PPP合同的执行力

民事合同不能作为强制执行的直接依据或执行名义。在民事合同中当事人一方不履行合同义务时，另一方合同当事人不能自己采取强力措施迫使对方履行合同义务，也不能直接申请法院强制对方履行合同义务。从民事合同制度来看，通常的做法是：合同当事人应当首先向法院提起履行之诉，由法院依法审理并做出履行判决，责令合同违约方限期履行合同义务；合同义务人仍然拒不履行法院判决所确定的义务的，由法院强制执行。这便是传统合同法的实际履行原则，即在合同有效且客观上能够履行之前提下，基于合同当事人一方之请求，应当采用国家强制力保障合同被实际履行。

从合同理论的发展来看，实际履行原则已经受到挑战，而在 PPP 合同履行过程中，如果社会资本方选择宁愿承担违约赔偿而不愿意实际履行合同义务时，法院是否应当判令合同当事人继续实际履行合同义务，以及裁判的正当性都不无疑问。但无论如何，民事合同当事人只有经过民事诉讼程序获得已经生效的履行判决以后，才可以申请法院强制执行生效判决，从而通过间接方式实现合同义务的强制履行。

与此不同，行政主体做出的为行政相对人设定义务的单方行政法律行为，可以作为执行名义，行政主体可以依法强制执行或者申请法院强制执行。可见，民事合同与单方行政法律行为在效力内容方面存在较大差异。

那么，作为包含行政性因素的民事合同，PPP 合同是否可以做成政府方主体直接执行或申请法院强制执行的依据。这个问题需要区分两种情形寻求答案。第一，如果社会资本方的履约行为违反了法律行政法规的强制性规定，则无论 PPP 合同中是否明确约定，政府方都可以依法要求或经由法院要求社会资本方实际全面履行合同义务；第二，对于没有法律规定，即使双方在合同中约定政府方有权获得给付，但是如果此类给付未经有效裁判所确认，政府方亦不得仅依合同强制执行之。至于强制要求相对人履行义务的实现路径，如果相对人违约且拒不履行的，可以参照我国《行政强制法》确立的“代履行”[①] 制度；如果社

① 我国《行政强制法》第 50 条规定：“行政机关依法作出要求当事人履行排除妨碍、恢复原状等义务的行政决定，当事人逾期不履行，经催告仍不履行，其后果已经或者将危害交通安全、造成环境污染或者破坏自然资源的，行政机关可以代履行，或者委托没有利害关系的第三人代履行。”

会资本方无过错，政府方基于紧急情况或公共利益的需要接管项目的，可以适用关于“征用”的制度。

二、PPP 合同的无效

由于 PPP 合同是蕴含了行政性因素的民事合同，因此中国法框架下 PPP 合同效力的问题，既要考虑民事法律规范中合同无效的相关规则在 PPP 项目中的适用性问题，又要考虑行政性规范经由条文设计进入民法视野的问题。故 PPP 合同无效情形的范围，应包括基于民事合同属性的无效情形和受行政性因素影响的无效情形。后者又包括单方行政法律行为的无效情形和特殊行政合同的无效情形。

（一）PPP 合同无效的原因

1. PPP 合同无效的民法规范

PPP 合同无效的“民法规范”具有两层含义：第一，PPP 合同是嵌入行政法因素的民事合同，其法律属性决定了其民事性是第一位的，是决定性的。因此民事法律规范中导致合同无效的原因都应适用于 PPP 合同。第二，对于 PPP 合同中的行政法因素，除依据行政法的规定准用民事法律规范和民法中关于违反行政性法规强制性规定的合同无效以外，尚需考虑行政法上导致 PPP 合同无效的原因。

在研究确定 PPP 合同无效之情形时，之所以必须充分考虑民事合同的无效规则在 PPP 合同各种操作模式上的可适用性，是因为：（1）无论 PPP 合同与一般民事合同相比较有何特殊性，都不能从根本上否定其“合同”属性，因而民事合同规则在 PPP 合同适用具有必然性。（2）除非基于公共行政的特殊需要并且以此为基础制定了特殊的行政法规则，否则民法规则对 PPP 各方具有拘束力。换言之，为完成行政目标或提供公共服务的 PPP 合同亦不得违反有效的民法规则，除非立法者因公共行政的特殊需要而以特殊的法律规定排除民法规则的适用。（3）德国、葡萄牙的《行政程序法》明确规定，民事合同的无效规则可以适用于行政合同。相应地，民事合同无效的情形也是行政合同无效的情形。

综合比较分析各法域有关民事合同无效原因的法律规则，可以发现民事合同无效的情形主要表现为：（1）合同主体方面的瑕疵，尤其表现在合同主体的权利能力和行为能力两个方面。（2）意思表示方面的瑕疵，包括一方以欺诈、胁迫的手段订立合同，损害国家利益；恶意串通，损害国家、集体或者第三人利益；损害社会公共利益的。（3）合同形式方面的瑕疵，主要是合同不符合强制性法律规定的特定形式。（4）其他违反法律、行政法规的强制性规定的情形。

此外，我国《合同法》第52条所规定的合同无效的情形在适用于PPP合同时，需要注意：（1）政府方主体身份问题。根据《民法总则》的相关规定，机关法人的民事权利能力是受到限制的，即机关法人不具有作为商事主体的权利能力，机关法人原则上不具有作为保证人的权利能力。（2）"恶意串通"要求PPP合同政府方基于"主观故意"，与社会资本方共同损害国家、集体或第三人利益。这里应将行政机关作为特别法人的法律行为，与具体决策人员、经办人员的渎职甚至犯罪行为相互区别。机关法人的"主观故意"在司法实践中也难以用证据加以证明，故实无规制必要。（3）"违反法律、行政法规的强制性规定"是指合同性质本身违反强制性规定。[①] 这里不包括由于行政合同容许性以及行政行为违法对合同效力的影响。[②]

---

① 江必新、梁凤云：《最高人民法院新行政诉讼法司法解释理解与适用》，中国法制出版社2015年版，第161页。但是同时，江必新院长认为，与民事合同不同，行政协议违反强制性规定无须区分该规定是管理性规范还是效力性规范；同时，违反强制性规定不以该法律规范是法律或行政法规为限，只要其位阶优于行政协议，对于该规范的违反即为无效。参见江必新：《行政协议的司法审查》，载《人民司法》2016年第34期。

② 关于行政行为程序违法，是否影响行政协议效力，有学者持不同观点。例如有学者认为是否符合法定程序，应作为行政协议合法性的审查对象。但是尚有观点认为合法性是以法律规范为参照的单一维度判断，而效力判断本质上属于价值判断，故不宜以程序合法作为行政协议效力的审查标准。参见侯丹华：《新〈行政诉讼法〉中几种特殊类型诉讼的判决方式》，载《法律适用》2016年第8期。

受到行政行为两阶段理论之影响，大陆法系各国均规定政府采购行为属于公法行为，而政府采购合同的履行则受私法规制，我国亦然。我国台湾地区在解决 PPP 合同效力问题上采用所谓“双阶理论”，所谓《促进民间参与公共建设法》的程序设计上，立法者明显地将一个统一的 BOT 法律关系的形成、发展区分为“甄审决定”[①] 及“合同缔结、履行”等两个主要阶段。关于甄审决定被撤销对于后续缔结行政合同之影响，应先参酌《促参法》采取甄审决定与缔约两阶段程序设计之规范意旨，建立起一定的解释规则，作为凝聚共识的起点。其规范逻辑是“前阶行为之瑕疵或违法，后阶段合同无效”之模式。但近年来，有学者认为双阶理论运用于公私协力法律关系之影响已有值得检讨之处。政府采购程序中的“双阶理论”系汲取德国行政法学说观点而来，将一个完整采购程序拟制为“甄审”和“缔约”两个阶段，如何处理前阶段法律瑕疵对后阶段合同效力及履行的影响，学者间大致有如下观点：（1）前阶段行政处分因后阶段合同缔结而“终结”；（2）前阶段行政处分作为后阶段合同之生效要件；（3）前阶段行政处分作为后阶段合同之“交易基础”；（4）前阶段行政处分作为后阶段合同之法律原因。此外，尚有后阶段合同瑕疵与前阶段行政处分瑕疵并非同一性理论（无因性理论）的观点提出。[②] 该观点认为：第一阶段甄审决定程序之瑕疵应该只能直接对于本案甄审决定之法律效果发生影响，而不能成为直接决定后续阶段之行政合同的法律效果之事由。第一阶段甄审决定尽管具有可得撤销之事由，只要其未经撤销以前，第二阶段缔约之行政合同即不受其影响。至于第一阶段甄审决定被撤销后，对于后续行政合同效力之影响如何，则应与构成撤销

① 相当于我国招标投标或政府采购活动中通过评标确定中标候选人并发出“中标通知书”的活动。

② 参见程明修：《公司协力法律关系之双阶争讼困境》，载我国台湾地区“行政法学会”：《现代行政之正当法律程序/公私协力与行政合作法治》，台北，元照出版有限公司 2014 年版，第 116 ~ 147 页。

原因之第一阶段的瑕疵切割而另行处理。

2. PPP 合同无效的行政法规范

PPP 合同中那些纯粹的行政性因素，虽然已部分内化为合同约定，但其性质上仍属于行政协议，是一种行政行为。这类合同约定有下列情形之一的，可以认定为无效：[①]（1）PPP 项目政府方不具备行政主体资格，另依《民法总则》之规定，机关法人作为特别法人，订立 PPP 合同尚需具备民事主体资格；（2）采用 PPP 模式实施项目没有法律规范依据，即“法无授权不可为”；（3）PPP 合同内容客观上不可能实施；（4）PPP 项目的实施将导致严重违反法律行政法规的强制性规定；（5）PPP 合同的内容明显违背公序良俗；（6）PPP 项目的实施将严重损害公共利益或者他人合法权益；（7）其他重大且明显违法情形。[②]

在探寻行政合同无效的法定原因时，除了考察民事合同无效和单方行政法律行为无效的相关规则以外，还需要考虑 PPP 合同中行政性因素的影响，包括政府方得以采用 PPP 合同方式的必要性影响、和解合同和双务合同的无效问题等。

（1）PPP 合同方式之采用违法

合同方式之采用违法，是指行政主体在法律明确规定不得采用合同方式或拟处理行政事项的性质不宜采用合同方式的情形下，仍然违反法律规定缔结合同。关于 PPP 合同的允许性问题，具有行政合同成文法的国家和地区，包括德国、葡萄牙、中国澳门特别行政区、我国台湾地区等均采用“法无明文禁止即可为之”的方式作了规定。我国政府在对待民间投资问题上的态度，亦是“鼓励和引导民间资本进入

① 《行政诉讼法》第 75 条规定：“行政行为有实施主体不具有行政主体资格或者没有依据等重大且明显违法情形，原告申请确认行政行为无效的，人民法院判决确认无效。”

② 江必新、梁凤云：《最高人民法院新行政诉讼法司法解释理解与适用》，中国法制出版社 2015 年版，第 160 页。

法律法规未明确禁止准入的行业和领域”，因此在基础设施公用事业和公共服务领域，政府和社会资本方可以通过 PPP 模式进行合作，对于涉及国家安全与国家秘密等尚未对民间资本开放的领域，则 PPP 合同方式将不被允许使用。

（2）双务合同的无效

双务合同，是行政主体与相对人缔结的互负给付义务的行政合同。从立法例层面，《德国行政程序法》和我国台湾地区所谓“行政程序法”对双务合同的合法要件作了特别明确的规定，并进一步规定违反该等法律要求的行政合同无效。①

就立法目的而言，该等法律规定是立法机关为预防行政机关利用优势地位要求相对人承担不当给付而安排的。PPP 合同中政府方和社会资本方的权利义务应该对等，政府方主体不得透过合同要求社会资本方承担过当的给付义务。基于保护合同社会资本方当事人的合法权益，应该严格限定：第一，社会资本方风险分担不得过当；第二，社会资本方之给付应当有助于特定行政目标之达成且只能用于合同约定的特定用途。

3. PPP 合同无效原因的规范化

综合影响 PPP 合同效力的民法因素和行政法因素，并以 PPP 项目

① 《德国行政程序法》第 56 条规定：（1）合同当事人对行政机关所负的对待给付义务在合同中为特定目的已达成合意，且有利于行政机关履行公务的，允许签订第 54 条第 2 句所指的公法合同。其中的对待给付按整体情况判断须为适当，并须与行政机关履行合同给付有实质联系。（2）对于行政机关履行对待给付存有请求权时，仅可在合同中就亦可作为第 36 条规定的行政行为附款内容的对待给付达成合意。第 59 条第 2 款第 4 项规定：行政机关承诺第 56 条所不允许的对待给付者，行政契约无效。我国台湾地区所谓“行政程序法”第 137 条规定：（1）行政机关与人民缔结行政契约，互负给付义务者，应符合下列各款之规定：①契约中应约定人民给付之特定用途；②人民之给付有助于行政机关执行其职务；③人民之给付与行政机关之给付应相当，并具有正当合理之关联。（2）行政处分之作成，行政机关无裁量权时，代替该行政处分之行政契约所约定之人民给付，以依第 93 条第 1 项规定得为附款者为限。（3）第 1 项契约应载明人民给付之特定用途及仅供该特定用途使用之意旨。第 142 条第 1 款第 4 项规定：缔结之双务契约，未符合第 137 条之规定者，无效。

实践为导向，考察我国现有的 PPP 法律资源，可以总结如下导致 PPP 合同无效或效力瑕疵的类型。

（1）政府方主体不具备缔约的行为能力的。实践中比较常见的情形包括政府方主体自身不适格和政府方授权的实施机构不适格两种情形。一般情况下，PPP 项目的发起主体应为县级以上人民政府有关部门，因此乡镇政府、村委会并不具备缔结 PPP 合同的行为能力。此外，适格受权作为 PPP 项目实施机构的单位应为政府相关部门或事业单位，因此国有企业或平台公司作为项目实施机构亦存在主体资格瑕疵的问题。

（2）社会资本方不具备政府方在政府采购程序中要求的资格条件的。例如，自行承担建设任务的社会资本方不具备建筑业企业资质、安全生产许可证等法定资格条件，或者社会资本方在参与采购活动时处于被取消一定时期内参与投标资格以及伪造企业信用、业绩等评分条件的情形。

（3）政府方超越事务管辖权或专属管辖权而缔结合同的。政府方可以在土地使用、排除竞争、必要补贴、最低需求等方面做出承诺或者保证，但是不得对于社会资本方固定收益、固定投资回报率等事项做出承诺。或者超越事务管辖权，对于税费减免、土地收益分成等事项进行约定。

（4）政府方与社会资本方恶意串通缔结合同，损害第三人或社会公共利益的。较为典型的情况是，行政机关或其工作人员在 PPP 采购过程中向潜在社会资本方泄露评标委员会成员、其他投标人的报价信息或者标底等。

（5）合同方式之采用违反明确的禁止性规定的。PPP 模式适用于应由政府方负有提供义务的基础设施和公共服务领域，且项目本身需要具备需求长期稳定、适合交由社会资本方承担的特点。对于涉及国家安全、国家秘密等不适宜采用 PPP 模式的项目，或者法律规定不得采用合同方式的行政事项，则不得缔结 PPP 合同。

（6）合同具有其他明显且重大违法情形的。

（二）PPP 合同无效的后果

1. PPP 合同须经宣告方为无效

在民法上，合同无效以当然无效为原则，宣告无效为例外。当然无效，是指合同当事人无须经司法机关确认即可当然地视合同为无效，无须履行合同义务且不发生违约责任之问题。宣告无效，也称为裁判上之无效，是指合同无效须以司法机关裁判宣告为必要，在对合同无效做出宣告以前，合同对当事人依然具有拘束力，合同当事人必须依照合同约定履行合同义务，否则就会发生违约责任。

对于 PPP 合同而言，为确保公共服务关系的稳定有序，应当采取宣告无效原则；因为公共服务合同牵涉不特定公众群体，所以合同无效往往会导致公共服务主体的改变，直接影响到社会公众持续获得公共服务的品质及需要为此而支付的对价。为追求公共服务质量标准的稳定和统一，这类合同不宜采取当然无效之规则，而应当采取宣告无效的方法。否则，若任由公民、法人或其他组织主张 PPP 合同当然无效，那么公共服务的社会资本方主体就无法提供持续、稳定、统一的公共服务。①

2. PPP 合同无效的行政责任

从 PPP 合同无效的原因入手，如果是政府方主体不具备缔结合同的行为能力致使合同无效的，其责任范围不仅限于缔约过失责任，如果合同已经部分履行，合同无效将导致政府方承担赔偿给付，则在行政机关内部应追究行政机关及其工作人员的行政违法责任。这是由 PPP 合同的特殊性所决定的，也是行政法治原则的根本要求。当行政机关及其工作人员代表行政主体与社会资本方违法缔结合同时，其行为就构成了行政违法，应承担行政违法责任。同样，如果是基于社会

① 蔺耀昌：《行政契约效力研究》，法律出版社 2010 年版，第 121 页。

资本方的过错而导致合同无效，也可能产生行政责任。例如政府采购过程中串通投标、弄虚作假、伪造资质及业绩等行为，都具有行政法上的可责性。

三、PPP 合同的撤销

可撤销合同的产生，主要是因当事人意思表示不真实，需要通过行使撤销权使已经生效的意思表示归于无效。由于 PPP 合同系经过法定政府采购程序订立，且一方主体为政府方，是否存在处于有效与无效之中间地带的可撤销状态，或者是否有必要确立特许经营协议撤销制度，尚无定论。关于 PPP 合同是否存在可撤销状态，存在两种基本观点，即 PPP 合同可撤销的否定论和肯定论。

（一）PPP 合同撤销之可能

1. PPP 合同撤销的否定论

政府方与社会资本方订立的 PPP 特许经营合同属行政协议。可撤销的否定论者认为，特许经营合同要么有效，要么无效，不存在可撤销之中间状态，这是特许经营合同与一般民事合同的显著区别。行政协议无效制度足以保证其自身的救济。我国台湾地区将具有 PPP 协议性质的“投资契约”作为民事合同处理。但是对于行政合同本身，我国台湾地区学者认为，“有瑕疵之行政合同，限于有‘行政程序法’第 141 条及第 142 条所规定之情形，始为无效。[①] 除上述无效情形外，特许经营合同纵有瑕疵，亦仍属有效，且不问当事人对该合同是否有值得保护之信赖”。德国也有学者认为：“行政法合同没有像违法行政

---

① 我国台湾地区所谓“行政程序法”第 141 条规定：行政契约准用民法规定之结果为无效者，无效。行政契约违反第 135 条或第 138 条之规定者，无效。第 142 条规定：代替行政处分之行政契约，有下列各款情形之一者，无效：1. 与其内容相同之行政处分为无效者。2. 与其内容相同之行政处分，有得撤销之违法原因，并为缔约双方所明知者。3. 缔结之和解契约，未符合第 136 条之规定者。4. 缔结之双务契约，未符合第 137 条之规定者。

行为那样的可诉请撤销性和可撤回性。”[①] 在立法上，《德国联邦行政程序法》和我国台湾地区所谓“行政程序法”对行政合同的合法要件、行政合同的无效作了详尽规定，却没有明确规定行政合同的撤销。其中，在《德国联邦行政程序法》生效以前，依据当时的德国行政法释义学的多数意见，行政合同一旦违法，其法律后果即属无效。易言之，只承认合法有效的行政合同以及因违法而无效的行政合同这两种类型。[②] 我国的《行政诉讼法》在行政协议争议的判决方式上，也没有明确规定可撤销或可变更的制度。

2. PPP 合同撤销的肯定论

特许经营合同撤销的肯定论者认为，法、德等国家关于行政合同要么有效，要么无效的“二分法”无法妥善地解决具有双方合意性的特许经营协议效力瑕疵问题。而且认为与民事合同一样，特许经营协议也存在效力待定和可撤销状态，并非仅限于有效和无效两种。在原则上，单方行政法律行为和民事合同的撤销规则可以有条件地适用于行政合同。例如，我国台湾地区学者吴庚认为：“有瑕疵之行政合同，法律仅就特定情形规定其为无效，则甚多之瑕疵势必在尽量有效之情形下，受到掩盖。与依法行政原则要求任何行政行为均须合法者，自有不符。”

在立法上，《葡萄牙行政程序法》和我国澳门地区的“行政程序法”中均有关于行政合同撤销的规定。[③] 就 PPP 合同而言，尤其对于政府方授予社会资本特许经营权的项目，政府方有通过合同来执行公

---

① ［德］汉斯·J. 沃尔夫、奥托·巴霍夫：《行政法》（第 2 卷），高家伟译，商务印书馆 2002 年版，第 159 页。

② *Schlette*, Die Verwaltung als Vertragspartner : Empirie und Dogmatik verwaltungsrechtliche Vereinbarungen zwischen Behorde und Burger, in 2000, S. 560.

③ 《葡萄牙行政程序法》第 185 条规定：“一、如果根据本法典规定，决定行政合同订立的行政行为为无效或可撤销，则该行政合同也同样为无效或可撤销。二、民法典有关意思欠缺及瑕疵的规定，适用于所有行政合同……”《澳门行政程序法》第 164 条规定了合同之不完全有效之制度：(1) 行政合同中意思之欠缺与瑕疵，以及行政合同之无效与可撤销，适用《民法典》对法律行为的相应规定……

务和实现行政目标的功能，并且与国家利益和社会公共利益直接相关，故适度保持其稳定性，特别是有效性具有积极意义。而且PPP合同订立历经资格审查、招标投标、答疑评审、确认谈判诸环节，其订约过程较其他普通民事合同要严格得多，因此PPP合同的可撤销问题可能并不特别突出。但是作为合同的社会资本方主体，基于错误的意思表示订立合同而需救济的情形是客观存在的。因此确立PPP合同的撤销制度，既是保障合同当事人合法权益的必然要求，也是彰显PPP合同民事属性的应然选择。

（二）PPP合同撤销之原因

因我国大面积推广应用PPP模式时间尚短，典型的PPP合同争议数据尚不够充分。有学者基于既有裁判文书的检索，发现对于所谓“行政协议”所有的效力判断，除了有效、无效，并未出现可撤销这种效力评价状态。但个别案例出现了“未生效力”的评价。[①]

基于PPP合同的双方性和合意性，即使政府方行政行为是否存在有效与无效之间的“灰色地带”尚待深入讨论，但是根据《行政诉讼法》关于审理行政协议案件可以在不违反法律行政法规强制性规定条件下适用民事法律规范的规定，人民法院做出撤销合同的判决亦于法有据。

单就社会资本方在PPP合同订立过程中具有意思表示瑕疵的情形，亦应设计合理的制度以准确地保护各方主体的权益。故有下列情况，人民法院可以判决撤销PPP合同的裁判：第一，社会资本方如有正当理由要求解除PPP合同而政府方不同意解除的；第二，PPP合同政府方有违约行为，社会资本方请求解除合同的；第三，因为客观情势的变化或者适用法律的变化，PPP合同的履行已经不可能、没有必要或者继续履行成为违法的；第四，社会资本方因重大误解订立PPP

① 陈无风：《行政协议诉讼：现状与展望》，载《清华法学》2015年第4期。

合同的；第五，政府方在订立协议时，社会资本方的义务分担显失公平的。

但是，人民法院是否可以依当事人申请判决变更 PPP 合同是一个值得研究的问题。如果是对于简单的民商事交易活动，人民法院依职权通过变更合同的方式矫正双方权利义务配置尚有可能，但是对于复杂的 PPP 合同关系，双方的合作期限、财务成本、融资安排、政府补贴支出等重要约定都是通过复杂的数学模型或假设计算得出的。因此，如果经由法院径行对合同内容进行调整，恐怕既不具备科学合理性，也不能够确定更为妥帖地平衡了各自权益。还是交由双方当事人通过调解或和解方式，约定变更更为合适。①

① 梁凤云：《行政协议案件的审理和判决规则》，载《国家检察官学院学报》2015 年第 4 期。

第六章

PPP 合同履约规则

合同的履行是其他一切合同相关法律制度的核心。PPP 合同的民事属性决定了其履行过程应该遵循的基本原则，包括全面履行原则、协作履行原则、情势变更原则等。但同时需考虑政府方作为合同一方主体，其订立合同的目的是行政事务的完成和公共利益的保护。因此，相较于其他民事合同，PPP 合同履行过程中尤需重点把握两项特殊规则，即公益优先和特权控制。

一、PPP 合同履行的特殊规则之一：公益优先

PPP 模式系为实现公共利益而发生，政府方在合同中的优益权亦为保护公共利益而设定和行使。公共利益既是政府方的行政目标，也是 PPP 合同的价值所在。我国民法对公共利益的使用大致可以分为两个层面：其一，对人们行为自由限制的公共利益。例如 PPP 合同争议解决过程中，社会资本方不得停止合同的履行和服务的提供，以保障公众利益不受损害。这一层面的公共利益的目的和作用在于限制人们的行为自由，即为行为自由设定界限，这是保障公共秩序必须存在的一般性标准。其二，对人们权利剥夺或者限制的公共利益。例如在紧急情况下，政府方基于公益对于 PPP 项目的临时接管。这一层面的公共利益的目的在于剥夺或者限制人们的实体权利，是公权力作用于私权利。何为公共利益，国家才是唯一的判断者和决定者，所以更应该

通过法律进行实体方面的限定和程序方面的保障，否则难以起到限制和规范公权力或使私权能够对抗这种权力的作用。[①]

（一）实现和保护公共利益是PPP合同的灵魂

1. 实现公共利益是PPP合同存在的理由

PPP模式有不同的操作方式和路径，在社会资本方与公众或消费者之间所产生的法律关系亦各不相同，尤其在需向消费者收取使用费或者服务费的PPP项目中尤为明显。即便如此，基础设施透过社会资本方的建设与运营，外部法律关系由"政府方和社会公众"转变为"社会资本方与公众"是各类PPP模式的共通特性。如此产生的一个深刻影响是，基础设施和公共服务从政府自身的公益实现行为转变为社会资本方所从事的营利活动。因此，为避免公共利益因企业的逐利行为而受到损害，政府方仍应当负担起公共利益维护的义务。通过相关管制与监督措施，保障公众在现代生活的公共领域需求获得符合人性尊严的最低限度照料。[②] 毕竟，在现代民主国家，任何具有正当性的法律都必须是为了社会的公共利益，而不是为了任何特定私人的利益而制定的。[③]

PPP模式作用的领域是传统的社会公共服务领域，涉及国计民生和社会公共福祉，这是公共资源和公共服务产品必须由政府提供的根本原因，也是公共服务领域普遍形成各种自然垄断的客观现实基础。对于公共资源和公共服务领域而言，发挥市场在资源配置中的决定性作用，其本质在于引入多元化投资者向社会公众提供更多的公共产品、更多的公共服务，从而克服公共领域因缺乏竞争或者自然垄断形

---

① 李永军、胡亚妮：《民法上的公共利益考》，载《私法研究》第8卷。其中，作者认为，限制私法自治的公共利益，在实际立法及判例中，相当于公序良俗。

② 詹镇荣：《行政合作法之建制与开展——以民间参与公共建设为中心》，载我国台湾地区"行政法学会"：《行政契约之法理各国行政法学发展方向》，台北，元照出版有限公司2009年版，第124页。

③ 张千帆：《"公共利益"的构成、对行政法的目标以及"平衡"的意义之探讨》，载《比较法研究》2005年第5期。

成的低效率问题，缓解因政府资金短缺或投入不足而形成的公共产品供给压力。因此，公共资源市场化需要引入 PPP 模式，但 PPP 模式必须服务于公共产品的本质属性，不能改变公共产品供给的社会功能，公共利益应当而且也必须成为 PPP 模式最高利益标准。① 双方合作完成的任务属于国家任务，具有公益性，公益性决定了主体的行为并不完全由私法自治，而要受到公法上的约束。公部门要对私部门的高利润进行控制，不能以利润最大化为目标。因此，对双方权利义务的设定，要紧扣公益性，并以此为边界，确定私主体利益保护界限。在合作目标的达成上，既要考虑公共利益的实现，又要考虑对私人利益的保护，统筹兼顾公部门的公益性和私部门的营利性。

PPP 合同是为生产、提供基础设施和公共服务产品而签订的协议，而公共产品与私人产品不同的重要特征在于公共产品具有非竞争性和非排他性，即不能被个人所独占，其目标在于为公共领域提供无差别、非歧视的普遍性服务，这是政府对社会公众的公共责任和义务。提供完备的基础设施和完善的公共服务是政府的基本职能，但是如果完全依靠财政资金投入来实现这一目标，必然降低供应效率和产出水平，从而客观上延缓了公众享受社会福利的时间，这也是政府方寻求利用社会资本合作供应公共产品的原因。从这个意义上说，没有实现公共利益的需要，就丧失了采用 PPP 模式的正当性基础。

PPP 合同关系中，公共利益是首要的，是目的性质的；社会资本方的利益是次要的，是手段性质的。公共利益的受益者不是政府，而是政府提供公共服务的对象——公民、法人或者其他组织。公私合作协议中的公共利益体现为行政机关需要提供公共服务，体现为公民、法人或者其他组织享有政府提供的公共服务的权利。②

---

① 陈婉玲：《公私合作制的源流、价值与政府责任》，载《上海财经大学学报》2014 年第 5 期。

② 梁凤云：《公私合作协议的公法属性及其法律救济》，载《中国法律评论》2018 年第 4 期。

2. 保护公共利益是PPP合同效力的标准

在法学理论之中，由国家权力的行使行为来探讨其正当性时，便无可避免地必须探讨公益原则的概念，但是公益原则的内涵有极度的不确定性，会随着社会、政治及意识形态的变动而变动。① 公共利益在我国的基本民事法律制度中有不同表述，《民法总则》中称“公序良俗”，②《合同法》中称“公共利益”。③ 公序良俗包括公共秩序和善良风俗，而其中的公共秩序主要就是通过立法文件中的强制性规定建构起来的秩序，它属于法律、行政法规效力性强制性规定的上位概念。④

我国《合同法》规定违反“公共利益”而导致合同无效的规范意义，即是公共利益在合同法中发挥作用的主要途径。民法奉行的基本原则是私法自治。但是，为了使法律秩序的评价能够在公法和私法领域和谐统一，强制性规范成为公法规则进入私法领域的管道。

强制性规范与公共利益是一种互生关系，从强制性规范角度可以把公序良俗解释成强制规范的一种表现，而从公序良俗角度，也同样可以把强制性规范解释成公序良俗的表现形式。⑤ 二者均不可经由双方合意而进行变更，都具有强行法的特征。这些强制性和禁止性规范通常表现了立法者的经济和社会政治目的，其主要意图就是维护公共利益。⑥

---

① 陈新民：《公共利益的概念》，载《宪法基本权利之基本理论》（上），三民书局1996年版，第136页。

② 我国《民法总则》第8条规定：民事主体从事民事活动，应当遵守法律，不得违背公序良俗，不得损害他人合法权益。第132条规定：违反法律、行政法规的效力性强制性规定或者违背公序良俗的民事法律行为无效。

③ 我国《合同法》第7条规定：当事人订立、履行合同，应当遵守法律、行政法规，尊重社会公德，不得扰乱社会经济秩序，损害社会公共利益。

④ 王轶：《民法总则法律行为效力制度立法建议》，载《比较法研究》2016年第2期，第180页。

⑤ 耿林：《强制规范与合同效力——以合同法第52条第5项为中心》，中国民主法制出版社2009年版，第103页。

⑥ 冉克平：《论“公共利益”的概念及其民法上的价值——兼评〈合同法〉第52条之规定》，载《武汉大学学报》（哲学社会科学版）2009年第3期。

3. 维护公共利益是政府方行使“特权”的依据

平等原则、公平原则、意思自治原则、诚实信用原则和公序良俗原则是为我国民事立法所承认的基本原则。由这些原则彼此的实质逻辑关系,[①] 可以推导出一项法治社会应当遵循的基本准则，也是我国制定《民法典》应遵循的立法原则：对民事主体自由的确认和保护，既不需要理由也不需要设置明确的法律依据；对民事主体自由的限制，则既需要有足够充分且正当的理由，又需要设置明确的法律依据。这里所谓足够充分且正当的理由，都包含在诚实信用原则和公序良俗原则之中，其实质就是维护国家利益和社会公共利益的需要。

在 PPP 合同的行政性因素中，一项重要表现就是基于维护公共利益的需要，政府方享有单方变更合同，甚至在紧急情况下接管项目的权利。[②] 一方面，政府方行使此类权利的条件已经在合同中予以明示;[③] 另一方面，即使合同中没有此类约定，政府方仍然可依行政职权接管项目，该项权利的正当性即是保护公共利益的需要。政府方维护公共利益的手段包括要求社会资本方承担公布项目公司经营状况的义务，为消费者提供普遍和无差别服务的义务，保障公共服务品质义

---

① 王轶老师认为，民法诸原则中，平等原则是民法的基础原则，它构成了意思自治原则的逻辑前提。意思自治原则是民法最重要，最有代表性的原则，是民法基本理念的体现。公平原则，意在谋求当事人之间的利益平衡。在交易领域内公平原则是对意思自治原则的有益补充。诚实信用原则，将最低限度的道德要求上升为法律要求，以谋求个人利益与社会公共利益的和谐。公序良俗原则，对个人利益与国家利益以及个人利益与社会公共利益之间的矛盾和冲突发挥双重调整功能。诚实信用原则和公序良俗原则是对意思自治原则的必要限制，力图谋求不同民事主体之间自由的和谐共存。参见王轶：《论民法诸项基本原则及其关系》，载《杭州师范大学学报》（社会科学版）2013 年第 3 期。

② 最高人民法院在（2014）民二终字第 12 号民事裁定书和田市人民政府与新疆兴源建设集团有限公司、和田天瑞燃气有限责任公司合同纠纷一案中的裁判观点认为：和田市政府向和田市建设局出具批复同意其接管兴源公司和天瑞公司天然气运营业务的行为，在性质上应属于行政行为。

③ 财政部《政府和社会资本合作模式操作指南（试行）》第 27 条第 1 款规定：“社会资本或项目公司违反项目合同约定，威胁公共产品和服务持续稳定安全供给，或危及国家安全和重大公共利益的，政府有权临时接管项目，直至启动项目提前终止程序。”

务，提供公共服务不得间断义务，收费标准确定和不得擅自调价义务等。

（二）PPP 合同是实现和保护公共利益的宣言

《基础设施和公用事业特许经营管理办法》是我国目前效力位阶最高的 PPP 法律文件。虽然该文件明确将“保障公共利益”作为其立法目的之一，并设专章“监督管理和公共利益保障”加以规定，但是通过对文件内容的分析可以发现其对于公共利益的实现机制及保障手段并不完善。文件规定了公众对政府和社会资本方双方监督的权利、要求双方信息公开的权利、获得普遍无差别的公共服务的权利。但是对于政府方和社会资本方信息公开的范围、项目公司的经营状况、政府方的支付义务均没有明确规定。

特许经营权与市场支配地位可以保证 PPP 项目经营者获得合理的利润回报、实现规模经济，但也隐含着 PPP 项目企业滥用市场支配地位，通过强制搭售、限制交易对象、实施差别待遇等行为侵害消费者利益的风险。① 对于 PPP 合同双方，尤其是社会资本方未能保证基础设施和公共服务水平，损害社会公共利益的救济途径、赔偿责任和标准等问题尚未构建起完整的制度安排。② 因此，有必要在 PPP 合同中构建保护公共利益的完整体系，真正实现 PPP 项目全生命周期的制度安排。

1. 充分竞争采购制度

PPP 项目是提供基础设施公用事业和公共服务等关乎公众福祉的交易活动，其项目识别、准备和采购过程，应当保障公众的参与权和知情权，并且通过充分的竞争程序保障公共利益的最大化，即以最少

---

① 王秋雯：《公用事业公私合作模式中的限制竞争与规制对策》，载《财经问题研究》2018 年第 12 期。

② 杨颖：《特许经营中公共利益保护体系的反思与重构》，载《城镇化研究》2017 年第 5 期。

的建设运营成本，提供最为优质的公共产品和服务。按照这样的标准，一个项目是否适合采用PPP模式，项目采购前是否充分征询了潜在社会资本方的意见等，均是保证采购程序充分竞争的前置条件。

PPP项目采购前，应与潜在社会资本方充分进行市场压力测试，明确项目竞争指标。采购方式原则上以公开招标为首要方式，其他采购方式有条件适用，并需要经过法定程序批准。[①] 同时，在资格审查方式上，应采用资格预审的方式，而不鼓励资格后审。[②] 在评分规则设计上，应综合考量全寿命周期的产出与成本关系，并与绩效相互关联。

2. 社会公众监督制度

在立法上，应将社会公众对于PPP项目的监督规范化。一是要明确社会公众及项目利益相关方发现项目存在违法、违约情形或公共产品和服务不达标准的，可以向政府职能部门提请监督检查的权利；二是要建立对于监督请求的受理、处理和反馈机制。

在司法上，应将公共利益的损害明确纳入可诉范围。在PPP项目中不应过度强调政府一方的规制地位，强制力逐渐退居幕后已是进步国家法律上的一项特色。公私合营伙伴关系得以产生和发展，其理论基础和现实需要都指向公共服务需求的多元化。因此，为实现和保护公共利益而应用的PPP模式，如果不能够赋予社会公众就利益损害请求赔偿的权利，这在法律逻辑上是无法自洽的。有鉴于此，公共利益司法救济的路径可以借鉴我国《民事诉讼法》环境公益诉讼制度，由相关部门或者社会组织提起诉讼。PPP合同双方当事人均有可能成为

① 我国《政府采购法》第27条规定：因特殊情况需要采用公开招标以外的采购方式的，应当在采购活动开始前获得设区的市、自治州以上人民政府采购监督管理部门的批准。

② 资格审查分为资格预审和资格后审。资格预审，是指在投标前对潜在投标人进行的资格审查。资格后审，是指在开标后对投标人进行的资格审查。进行资格预审的，一般不再进行资格后审，但招标文件另有规定的除外。

这类诉讼的被告。

3. 主动信息公开制度

政府方、社会资本方或项目公司应依法公开披露项目相关信息，保障公众知情权，接受社会监督。信息公开是社会监督的基础和依据，财政部《政府和社会资本合作（PPP）综合信息平台信息公开管理暂行办法》明确了PPP项目信息公开的范围，即政府PPP主管部门和项目审批机构、项目实施机构、社会资本方或PPP项目公司等PPP项目参与主体应真实、准确、完整、及时地提供PPP项目信息。该文件明确了PPP项目识别、准备、采购、执行和移交各个阶段应予公开的信息内容。

社会资本方或项目公司应公开合同履行情况、项目产出的数量和质量、项目经营状况等信息。政府方应公开物有所值评价报告、政府财政承受能力评估报告、项目实施方案、不涉及国家秘密、商业秘密的PPP合同条款、绩效监测报告、中期评估报告和项目重大变更或终止情况等。

二、PPP合同履行的特殊规则之二：行政特权及其控制

对政府方主体在PPP合同中享有的“特权”称谓虽有不同，但其表达的内容还是相近的，主要是指作为PPP合同一方当事人的政府方主体，在PPP合同的履行中以行政主体身份单方面享有的，不同于普通民事合同中当事人权利义务关系的强制性权力。[①]

PPP合同尽管是建立在政府和社会资本方“合意”的基础上，但PPP合同订立实施的初衷不是为了单纯地追逐个体的私益，而是为了完成行政公务，实现公共利益。这是PPP合同中容许特权存在最直接

① 步兵：《行政契约履行研究》，法律出版社2011年版，第69页。

的原因和最基本的价值所在,[①] 即有限地承认公权力干预私法的合理性和合法性。[②]

特权应以法律规定或合同约定作为其存在依据，且特权的行使须以维护公共利益之需要为限。从特权的产生方式来看，有的基于法律规定或授权，属于法定特权；有的作为 PPP 合同的条款，由双方当事人约定产生，即属约定的特权，但以法定特权为主。特权的多寡，属于国家立法政策的选择和项目具体操作方式的需要。但是特权的存在，则是实现政府所代表公共利益最大化之必需。[③] 尤其作为典型的“不完全合同”,[④] 各方在合同履行过程中的“再谈判”无可避免，因此更需对于权力滥用倍加防范。根据法律保留原则，行政主体的权力应由法律来创设，包括权力的种类、内容、行使方式和条件等，排除法律之外的产生方式，更不能由行政主体依自由裁量来确定。

（一）PPP 合同中行政性权力的范围：公益需要

PPP 合同中权力因素存在是基于公共利益的需要，公共利益优先理念的存在，促使政府方可以作为公众利益的代表，对既有合同的内容进行变更、解除或是单方接管项目。法律也允许政府方基于维护公

---

① 雁霄：《行政法的博弈分析：以行政合同为例》，载《安徽大学学报》2000 年第 3 期。

② 郭明瑞、于宏伟：《论公法与私法的划分及其对我国民法的启示》，载江平、［意］S. 斯奇巴尼主编：《罗马法、中国法与民法法典化（文选）——罗马法与物权法、侵权行为法及商法之研究》，中国政法大学出版社 2008 年版，第 457 页。作者认为，维护平等、保障秩序和实现公共利益是民事法律中可以制定公法性规范的合理事由。

③ 朱新力：《论行政主体在行政合同中的特权及其性质》，载《学习与思考》1998 年第 9 期。

④ 虽然 Simon（1951 年）较早地建立了不完全合同的理论模型，但普遍认为真正地开启不完全合同理论研究的是奥利弗·哈特（Oliver Hart），其代表成果为不完全合同与产权理论。该理论认为要求合同双方规范所有相关的可能事件是无法实施或费用高昂的，而外部人在事后也不能证实到底发生了哪种状态，所以合同是不完全的。因此应将产权配置给对交易结果影响最大的一方，也即配置给投资的边际产出最高的一方才是有效率的。See Oliver Hart and John Moore, 1988, “Incomplete Contracts and Renegotiation”, *Econometrica*, pp. 56, 775 – 778. 参见孙燕芳：《公私合作项目全寿命周期视角的契约设计与优化》，中国社会科学出版社 2017 年版，第 9 页。

益的需要解除已经约定的合同义务。普通民事合同的法律规定要求合同双方当事人严守合同约定，而关于行政合同的法律则通常会规定所谓公益优先，即公共利益高于合同双方当事人之间的约定。公共利益是特权存在的逻辑起点，对政府方行政特权的承认，实际上是对必须由政府所代表和维护的社会公共利益的承认，政府方的特权是维护社会公共利益的制度保障。① 从这一立场出发，PPP 合同中政府方主体的行政性权力包括以下内容。

（1）社会资本方的选择权。政府方主体订立和履行 PPP 合同的目的在于实现行政目标、促进社会公益。而社会资本方进入 PPP 合同后，由于其获得了政府方的特许经营权，因此其对于公用事业和基础设施的管理也带有一定程度的公务性，这就对社会资本方的信用、资格和能力提出了较高的要求。为防止 PPP 合同的目标不能有效实现，应赋予政府方主体依政府采购程序选择合同对方当事人的权力。当然，政府方主体对当事人的选择须具有严格的法定流程，即 PPP 合同的采购必须遵循竞争原则和公开原则。

（2）履约过程的监督指导权。PPP 合同的履行必须符合公共利益，而国家是公共利益的判断者，何种履行方式最符合公共利益由政府方决定。② 政府方主体同时作为公共利益的维护者，对社会资本方的履约过程和履约效果有权进行监督检查和绩效评价，借以掌握公共服务的供应和公共产品的产出是否符合合同目的以及公共利益的要求。政府方有权对于社会资本方的履约行为进行指导，对于合同的术

① 湛中乐、刘书燃：《PPP 协议中的法律问题辨析》，载《法学》2007 年第 3 期，第 66 页。但是对于政府方是否是公共利益的当然代表，学界存有争议。也有学者观点认为社会公共利益一度成为公法干预私法的一个冠冕堂皇的理由，但是对于公共利益具体范围的理解是存在很多争论的。相对于结果性和普适性要求意味较浓的公共利益而言，或许仅具有功能性描述的“公共用途”一词更加准确贴切。参见郭明瑞、于宏伟：《论公法与私法的划分及其对我国民法的启示》，载江平、［意］S. 斯奇巴尼主编：《罗马法、中国法与民法法典化（文选）——罗马法与物权法、侵权行为法及商法之研究》，中国政法大学出版社 2008 年版，第 456 页。

② 王名扬：《法国行政法》，北京大学出版社 2007 年版，第 155 页。

语、定义和任务范围进行解释，这有助于督促社会资本方切实履行义务，减少合同履行中的争议，确保 PPP 项目的建设和运营过程更加准确地满足公众需求。同时，监督和绩效考核的结论往往也是政府方确定支付义务的依据和标准。

（3）强制履约和执行权。强制履行是保障 PPP 合同得以实现公共服务的持续提供的重要手段。在普通民事合同中，当事人对于对方不履行约定义务的行为，均须通过争议解决程序请求判令对方继续履行，而不得依行政权要求履行或自行强制执行。但依法国行政法，对那些不履行 PPP 合同义务的社会资本方，政府方主体无须请求法院判决而有权直接强制执行。这项制度设计的逻辑是，PPP 合同的目的是实现公共利益，政府方主体是公共利益的当然代表，在社会资本方没有按约定履行合同义务时，政府方主体基于公益优先原则，有权行使高权强制要求对方执行合同以保证不间断地提供公用产品及服务。而当政府方主体违反合同时，社会资本方不得主张普通民事合同中的同时履行抗辩权或不安抗辩权，而是应当继续履行合同并请求行政法院判决政府方主体赔偿损失或解除合同。[①] 我国的 PPP 政策文件中也有类似规定，在特许经营项目执行过程中发生争议，当事各方在争议解决过程中，应当继续履行特许经营协议中该规定的各项义务，保证公用事业和公共服务供应的持续性和稳定性。如果社会资本方拒绝合同的持续履行，政府方保有临时接管项目的权利。

（4）单方变更和解除权。PPP 合同履行过程中，为更好地实现合作目的，政府方主动发起，或者基于社会资本方的合理化建议，对 PPP 项目内容进行调整是合同履行的常态。但在某些情况下，可能基于不可抗力、法律变化、政策调整或者公益需要，以及其他不能归责于社会资本方的原因，政府方主体仍可以单方变更 PPP 合同的交付内容，而且社会资本方不得拒绝。如果合同目的已经无法通过变更方式

---

① 李昭：《德法行政合同制度之比较》，载《河北法学》2004 年第 3 期。

得以实现，政府方还有单方解除合同的权利。于此情形，政府方应给予无过错的社会资本方适当的补偿。我国台湾地区“PPP 相关立法”亦有相同规定。①

（5）行政处罚权。政府方主体在 PPP 合同关系中的双重身份，决定了其对于社会资本方在合同履行过程中违反法律和行政法规的行为，有权实施行政处罚。在这种情况下，政府方实施处罚的权力基础系法律授予而非合同约定，故与其合同当事人身份并无关系。当然也和 PPP 合同中对于此类权力是否进行了约定没有关系。②

（二）PPP 合同中行政性权力的实现：正当程序

PPP 合同的本质要求特权的行使不得否定 PPP 合同的合意性，但行政权力的优越性必然在实际个案中排斥平等合意的存在。从这个意义上分析，PPP 合同中政府方所谓的行政性特权是保障其合同目的的手段，是服从于合同的平等性而存在的。特权行使与契约原则实现融合的效果应当是，既能有效地促成 PPP 合同所预期的特定行政目标的实现，同时又能最大限度地实现社会资本方的意愿与利益。两者的最佳融合方式是在承认行政主体特权的基础上，通过民法一般原则对特权的行使进行必要的限制，确保其在合法、合理的范围内行使，杜绝滥用特权现象的发生。例如，通过平等原则约束政府采购程序，通过诚实信用原则约束政府方履行、变更、解除 PPP 合同的权利，通过物权法定原则保护社会资本的私有产权等。

行政优益权和合同权利融合的基点应当确定为既能有效地促成 PPP 合同所预期的特定行政目的的实现，同时又以实现特定行政目的的必要原则为限度，禁止在权利义务上的不合理连接。适当设置政府

---

① 我国台湾地区所谓“促进民间参与公共建设法施行细则”规定：投资契约得订明因政策变更，民间机构依契约继续履行反不符合公共利益者，主办机关得终止或解除一部或全部契约，并补偿民间机构因此所产生之损失。

② 江必新：《中华人民共和国行政诉讼法理解适用与实务指南》，中国法制出版社 2015 年版，第 351 页。

方主体的权利义务，同时赋予社会资本方必要的权利。对行政主体享有的特权进行规范和制约，应当从以下四个方面来进行考量。

1. 设置行政权力行使的正当程序，立足于权力行为的过程，通过程序的安排来限制权力的行使。具体的制度设计包括：

①公开制度

PPP合同公开制度可以区分为广义和狭义两个层面。从狭义上讲，公开意味着在社会资本方选择的政府采购程序中，应该从制度上保障采购方式、采购信息、评分标准等内容最大限度地向潜在社会资本方进行公开。例如，在遴选社会资本的各种采购方式中，原则上应采用公开招标制度。依我国法律规定，政府方如果因法定事由需要采用竞争性谈判等其他方式的，应报有权的政府采购主管部门批准；从广义上讲，公开意味着重要的PPP项目文件，包括物有所值评价报告、政府财政承受能力论证、PPP合同不涉及国家或商业秘密的条款、绩效考核结果等事项应当依法向社会公众公开，以保障其充分获得项目信息，行使项目监督权利。

②事先告知和说明制度

涉及行政权力的行使事项事先告知制度是各国行政法中普遍采用的一种行政程序控制制度。在PPP合同中，如果政府方基于公益需要做出影响社会资本方权益的决定之前应将该决定的内容先行告知，包括拟行使权力的内容、合同及法律上的依据，法律救济的途径和期限等事项。

③听证制度

听证制度，是指政府方主体的某项特权行为可能对合同的履行或者社会资本方的合法权益造成重大影响的，包括重大合同变更、单方解除或项目接管等，在实施该行为之前，政府方应当听取社会资本方及其他利害关系人的意见，听取其建议并接纳证据的相关程序制度。听证制度实质是针对政府方在PPP合同中所享有的主导型权力，而赋予社会资本方和融资机构、承包单位、运营单位等其他利害关系人通过陈述意见和提供证据来维护自身权益的制度。

④回避制度

回避制度，是指政府方的工作人员在行使职权过程中，因其参与处理的 PPP 合同与本人有利害关系或者有其他关系可能影响公正处理的情况，为保证 PPP 合同履行的公正性，经其本人主动申请或行政机关依法终止其职务的履行，以此维护 PPP 合同特权行使的权威性和客观公正性的一项制度。

2. 为行政性权力的行使设置必要的条件和界限，避免权力行使的随意性和扩张性。具体来说，包括决定是否采用 PPP 模式时决策应遵循依法行政原则；行使社会资本方选择权时符合竞争的原则；行使指导权和监督权应最小限度地干涉对方当事人的自主经营；对合同的解释应当符合公益并合乎解释规则；行使单方变更权和单方解除权时坚守社会公共利益的判断和实现；行使处罚权时符合要求并贯彻比例原则等。

3. 为社会资本方配置充分的权利，以权利对抗权力。要切实实现对 PPP 合同特权进行严格规制，仅从 PPP 合同特权本身作程序和实体规范尚不足够，还须构建外部监督和制约机制，包括赋予社会资本方以制约性权利。具体体现为政府方不得享有合同约定之外或法律规定之外的特权，社会资本方应保有必要的知情权、获得支付的权利、要求政府方履约的权利、质询的权利、异议的权利、获得补偿的权利、请求损害赔偿的权利等。

4. 完善 PPP 合同争议解决机制，通畅权利救济渠道。社会资本方因政府方行使行政性权力而受到损失的，可以通过行政复议、诉讼等途径获得救济，但同时也应该结合 PPP 合同民事属性和双方合意的特点，对现有争议解决方式进行完善以更好地适应 PPP 合同救济的要求。[①]

---

① 刘烁玲：《论行政合同诉讼》，载《行政与法》2001 年第 3 期。

第七章

PPP 合同的违约与救济

一、PPP 合同的违约责任

政府和社会资本合作（PPP）合同的约定，应该得到各方主体的严格遵守和认真履行，这不仅是基于 PPP 合同法律属性的本质体现，也是我国完善产权保护制度，依法保护产权的客观要求。[①] 对于违反合同约定的行为，应该承担违约责任。鉴于 PPP 合同的特殊性，其违约责任制度完善尚需考虑两个方面的问题：一是违约责任主体范围；二是违约责任实现机制。

（一）PPP 合同违约责任主体问题：合同相对性

在合同法上，基于合同效力的相对性原则，合同的违约主体仅限于合同当事人。非合同当事人不受合同内容约束，当然不会产生责任

---

① 中共中央、国务院《关于完善产权保护制度依法保护产权的意见》明确指出：大力推进法治政府和政务诚信建设，地方各级政府及有关部门要严格兑现向社会及行政相对人依法作出的政策承诺，认真履行在招商引资、政府与社会资本合作等活动中与投资主体依法签订的各类合同，不得以政府换届、领导人员更替等理由违约毁约，因违约毁约侵犯合法权益的，要承担法律和经济责任。最高人民法院《关于充分发挥审判职能作用切实加强产权司法保护的意见》进一步明确：对因招商引资、政府与社会资本合作等活动引发的纠纷，要认真审查协议不能履行的原因和违约责任，切实维护行政相对人的合法权益。对政府违反承诺，特别是仅因政府换届、领导人员更替等原因违约毁约的，要坚决依法支持行政相对人的合理诉求。对确因国家利益、公共利益或者其他法定事由改变政府承诺的，要依法判令补偿财产损失。

问题。若将合同效力的相对性原则援用于PPP合同领域，则PPP合同中的违约主体就是政府方和社会资本方当事人。但是，鉴于PPP合同的以下特殊性，导致依合同相对性原理追究违约责任产生实体和程序上的困难：一是消费者是否可以追究政府或社会资本方的违约责任？二是除签署合同的实施机构以外，政府其他部门是否是当然的违约责任承担主体？三是政府方与中选社会资本方之间约定，违约责任由项目公司承担是否合适？

1. 社会公众、消费者权利保护的实现机制。当服务项目直接由政府提供时，社会公众有要求平等获得服务的请求权。而当这些公共产品由社会资本方提供后，公众的请求权就会因服务的提供者所处的私主体地位而动摇。应对PPP合同中的相对性原则进行扩张解释。尤其公用事业和公共交通领域，其效力往往基于政府方排他性和独占性的特许授权延伸至不特定的社会公众，从而使该合同对于公众起到了普遍规范的作用。在城市供水、供电、供热和公共交通等公用事业特许经营合同中，虽然合同当事人双方为政府方和社会资本方，但不特定的社会公众必须接受社会资本方依据特许经营合同而取得的管理、收费等权利。那么，这是否意味着可能受PPP合同拘束的消费者也可成为违约主体？从中国目前的司法实践来看，公用事业特许经营合同领域，一般基础设施公用事业特许经营过程分为两个阶段：一是行政主体与公用事业经营者之间的合同关系，应属PPP合同关系范畴；二是公用事业经营者与消费者之间的合同关系，通常被归入服务合同关系。这样一来，公用事业的消费者并不会直接成为公用事业特许经营合同的违约者。

但是，反过来，由于PPP合同以及PPP项目执行过程中的重要信息和重要的法律文件、合同文本是法定需要向社会公众进行信息公开的。所以，社会公众对于政府方和社会资本方在PPP合同中的权利义务安排是知晓的。那么，如果社会资本方违反了合同约定，降低了服务标准、产品质量或者提高了收费标准，社会公众除了行使PPP相关法律文件中的监督权利外，是否尚有其他司法途径予以救济，其请求权基础为何，是一个非常具有研究价值的问题。

在特定领域，可以通过公益诉讼实现救济。我国《民事诉讼法》第55条确立了民事公益诉讼制度。① 依据该条规定及民诉法相关司法解释，如果PPP合同标的涉及某些特殊领域或者行业，法定部门或组织可以通过公益诉讼方式实现救济：一是行使海洋环境监督管理权的部门代表国家对于破坏海洋生态、海洋水产资源、海洋保护区的责任者提出损害赔偿的要求；二是对于侵害众多消费者权益的行为，中国消费者协会和省一级消费者协会可以作为公益诉讼的主体；② 三是符合法定条件的社会组织可以对污染环境、破坏生态、损害社会公共利益的行为提起诉讼；四是人民检察院发现破坏生态环境和资源保护、食品药品安全领域侵害众多消费者合法权益等损害社会公共利益的行为，可以向人民法院提起诉讼。③ 此外，人民检察院对于行政机关在生态环境和资源保护、食品药品安全、国有财产保护、国有土地使用权出让等领域不依法履行职责的，人民检察院还可以依法向人民法院提起诉讼。④

---

① 《民事诉讼法》第55条第1款规定：对污染环境、侵害众多消费者合法权益等损害社会公共利益的行为，法律规定的机关和有关组织可以向人民法院提起诉讼。

② 有学者认为，我国目前主要通过消费者协会行使对一般商品和服务的社会监督职能实现对于消费者的保护。存在的问题是消费者参与面小、组织专业性不强、利益代表不足、行政执法威慑有限。更重要的是，这些监督和保护机制存在于服务供应的下游环节，对于PPP模式的应用、特许经营者的选择机制等当前改革的上游决策环节，消费者难以行使话语权。因此，需要在综合性消费者组织之外，建立公用事业行业性的消费者利益代表机构。参见骆梅英：《PPP与公用事业规制中的消费者保护——以消费者代表机构为中心》，载《福建行政学院学报》2016年第6期。

③ 全国人大常委会关于修改《中华人民共和国民事诉讼法》和《中华人民共和国行政诉讼法》的决定，自2017年7月1日起施行。

④ 依据全国人大常委会关于修改《中华人民共和国民事诉讼法》和《中华人民共和国行政诉讼法》的决定，对《中华人民共和国行政诉讼法》作出修改：第25条增加1款，作为第4款："人民检察院在履行职责中发现生态环境和资源保护、食品药品安全、国有财产保护、国有土地使用权出让等领域负有监督管理职责的行政机关违法行使职权或者不作为，致使国家利益或者社会公共利益受到侵害的，应当向行政机关提出检察建议，督促其依法履行职责。行政机关不依法履行职责的，人民检察院依法向人民法院提起诉讼。"

在其他领域，社会公众可依服务合同请求救济。PPP 合同体系中，社会资本方作为服务的直接提供者，其与社会公众及消费者之间服务合同的达成，包含两种方式：一是对于需要向消费者收取使用费的 PPP 项目，社会资本方组建的项目公司往往会和消费者之间形成书面的供水、供电、供热合同，于此情形，消费者对于取得特许经营权的项目公司基于服务合同提起诉讼法律关系比较清楚。政府方与社会资本方签订的 PPP 合同可以作为证据证明服务质量、收费标准等事项。二是对于不收取使用费的基础设施项目，PPP 合同中约定的工程质量标准、维护养护义务等内容对于社会资本方构成羁束，并通过信息公开的方式得到社会公众的认同，如果在 PPP 合同履行过程中，社会资本方或项目公司交付的工程质量、设施维护标准没有达到 PPP 合同约定时，社会公众亦应有权基于 PPP 合同向社会资本方主张权利。

2. PPP 合同虽然具体由某一行政机关代表政府方缔结，但该行政机关并不是 PPP 合同的唯一主体，而且 PPP 合同所约定的义务有时候也不是完全由代表政府缔结合同的那个行政机关单独履行的，即违约行为的具体实施者并不一定是具体签署 PPP 合同的那个行政机关。PPP 合同作为政府方与社会资本方之间的合意，政府方需要指定某一行政机关作为“实施机构”与社会资本方签订 PPP 合同，主要是因为 PPP 合同标的与该部门具有业务范围上的深入联系，或者该部门是政府序列专门负责 PPP 管理的协调部门。但是 PPP 合同中的政府方义务绝不限于实施机构能够行使行政职权的范围。

例如，涉及新建市政基础设施工程的 PPP 项目，政府方往往指定建设行政主管部门作为实施机构，但是可能涉及发改、财政、国土、住建和环保等多个部门需要在 PPP 合同中承担相应的义务。包括发改部门的项目立项审批义务、财政部门的补贴支付义务、国土部门的土地供应义务等复杂内容。如果 PPP 合同签订后，因国土资源部门未能在合同约定时间内提供划拨土地，导致建设期延误的，则社会资本方到底应该向实施机构主张违约责任还是向政府或国土资源部门主张权利，违约责任基于何种机制予以落实，是一个值得讨论的问题。

3. 社会资本方违约责任的主体界分。PPP 项目经过政府采购程序确定了中选的社会资本方，为实现项目风险和社会资本方企业风险的相互隔离，一般都要求由政府方的出资代表与中选的社会资本方共同组建项目公司（SPV）。这就导致政策文件和项目实践中，PPP 合同的签订，有两种方式：一是政府方和中选的社会资本方直接签订正式的 PPP 合同，约定双方在一定期限内设立项目公司，然后由项目公司"继受"PPP 合同的内容；二是政府方和社会资本方先行签订"框架协议"或者"备忘录"，约定在项目公司设立后，由政府方实施机构与项目公司签订正式的 PPP 合同。

无论采用哪种方式签订合同，依据合同的相对性原理，在违约责任的承担主体上都会产生瑕疵。如果按照第一种签约方式，则意味着政府方在项目公司中的出资代表，事实上并没有参与 PPP 合同的谈判和签约过程，却与中选社会资本方共同作为项目公司的股东，一并"无辜地"承担了违约责任；如果按照第二种签约方式，项目公司作为 PPP 合同主体，其与政府方在合同关系上是利益相对方，但是实质上，项目公司内部，政府方出资代表股东与其他社会资本方股东的利益又是相对立的，这就造成了以项目公司作为违约责任的承担主体，客观上损害了政府方出资股东的权益。

（二）PPP 合同违约责任实现机制问题：国家赔偿责任

1. PPP 合同违约责任承担方式的法律适用

PPP 合同履行过程中社会资本方存有违约情形的，依照合同约定或合同法的规定承担责任，自不必言。但是对于政府方主体的违约责任，则既要关照 PPP 合同的民事属性本质，又要考虑 PPP 合同的行政因素影响。根据约定必守和诚实信用的原则，PPP 协议中对赔偿有约定的，按照约定的赔偿方式和赔偿数额予以赔偿。从理论上讲，公私合作协议因嵌入了行政性因素，在合同条款中约定赔偿方式或者数额时，应当有别于民事合同。民事合同更多地体现了市场交易规则，而PPP协议的目的是政府方利用社会资本方合作者的资金技术等优势提供公共服务。考虑项目的公共属性和长期合作性质，社会资本方合作者在公私合作协议中的获益利润应当低于同时期市场的利润。如果等同于或者高于市场利润，就不符合设立公私合作协议制度的初衷。因此，约定的赔偿数额相应的也应当低于民事合同的数额。公私合作协议中约定赔偿条款的，法院一般应当认可其效力。

根据《国家赔偿法》的规定，国家赔偿按照实际损失予以赔偿。但是，公私合作协议往往涉及重大项目的建造、运营等，社会资本方合作者除了付出成本损失外，更大的利益损失是预期可得的利益。因此，如果按照《国家赔偿法》的规定，私方合作者可能损失巨大。PPP模式重视民营资本的引入，需要一个公平的投资环境。民事法律上违约责任承担，不仅关注直接利益损失，还包含对可得利益的考量。而国家赔偿侧重于赔偿直接损失，具有明确的赔偿范围及标准。若适用国家赔偿，社会资本方容易对协议公平性产生质疑，担心政府基于赔偿标准低而随意撤销协议或者依现有标准取得的行政赔偿无法弥补客观损失。①

故特许经营方式PPP合同政府方违约的法律适用，需要考虑政府采购、特许经营和项目接管三种例外情形。对于PPP采购过程中政府方过错，要适用《政府采购法》的规定；对于特许经营权的撤销，应适用《行政诉讼法》和《行政许可法》之规定；对于政府方接管项目，应适用《物权法》之规定。除以上情形外，政府方的其他违约责

① 石佑启、陈可翔：《政府与社会资本合作模式下法律救济制度之构建》，载《江海学刊》2018年第5期。

任，应适用《合同法》之规定。[①] 但公私合作协议中对赔偿数额如果没有约定的，法院应当根据社会资本方合作者的实际损失、预期可得利益予以赔偿，但应当适度低于民事赔偿的标准。[②]

2. PPP合同主违约责任实现机制的法律适用

这一问题的核心是，政府方对于特许经营方式PPP中“行政协议”的违反，包括两层含义：一是确定违约责任赔偿金额的法律标准；二是解决赔偿给付争议的法律程序。对于前者，根据我国现有的法律资源，可供选择的途径是，首先应考虑合同的约定，合同没有约定或约定不明时，要么适用民事法律规范的规定，要么依据《国家赔偿法》确定。不过，适用《国家赔偿法》可能存在一系列的障碍：一方面，我国《国家赔偿法》上，赔偿责任产生于国家机关及其工作人员对法定职责的违反，即赔偿因违法行使职权侵犯公民、法人或者其他组织合法权益而造成的损害，包括财产损害和人身损害。而授权特许经营的行政机关依照《行政诉讼法》承担的法律责任则类似于违约责任，即责任产生自对合同义务的违反。[③] 另一方面，即关于行政主体赔偿责任或补偿责任的标准。有观点认为，由于行政机关与公民、法人或者其他组织订立行政协议的目的是促进社会公共利益、实现行政管理目的，而非为了自身的利益，更非为了营利，故无论是行政机关的赔偿责任还是补偿责任都只能依照《国家赔偿法》规定的损害赔偿原则，以赔偿公民、法人或者其他组织所遭受的直接财产损失为

---

① 我国《行政诉讼法》第78条规定：被告不依法履行、未按照约定履行或者违法变更、解除本法第十二条第一款第十一项规定的协议的，人民法院判决被告承担继续履行、采取补救措施或者赔偿损失等责任。被告变更、解除本法第十二条第一款第十一项规定的协议合法，但未依法给予补偿的，人民法院判决给予补偿。《合同法》第一百零七条规定：当事人一方不履行合同义务或者履行合同义务不符合约定的，应当承担继续履行、采取补救措施或者赔偿损失等违约责任。

② 梁凤云：《公私合作协议的公法属性及其法律救济》，载《中国法律评论》2018年第4期。

③ 参见江必新主编：《中华人民共和国行政诉讼法及司法解释条文理解与适用》，人民法院出版社2015年版，第511页。

限，一般不包括《合同法》规定的预期利益。但是，如果从 PPP 特许经营合同的视角出发，由于 PPP 合同金额往往十分巨大，而国家赔偿标准却相对较低，适用国家赔偿标准既不利于社会资本方参与 PPP 项目，也不利于社会资本方利益的维护。更为甚者，会使政府方不顾及违约成本，擅自变更或单方解除合同，增加违约毁约的随意性。

关于损害赔偿责任的实现途径或程序问题，即使政府方的违约行为所造成的损害可以通过国家赔偿程序来解决，但 PPP 合同社会资本方当事人的违约行为所造成的损害，肯定无法通过国家赔偿来解决。①考虑到行政协议纠纷一般应当通过行政诉讼途径解决的原理，特别是程序经济原则的需要，违约赔偿程序可以按照以下两种情形设置：其一，如果政府方主体要求社会资本方当事人赔偿损失，可以做出责令对方赔偿损失的单方行政决定，社会资本方对此决定有异议者，可以通过行政复议或行政诉讼途径寻求救济；其二，如果社会资本方要求政府方主体赔偿损失，则既可以向其主张损害赔偿请求权，也可以直接提起行政赔偿之诉，请求法院判令行政主体赔偿损失。此外，亦有学者指出，可以考虑修改国家赔偿的适用范围，使政府和社会资本合作的“私经济行为”亦受国家赔偿之保护，以增加国家对 PPP 项目的监督责任。②

二、PPP 合同争议的解决

PPP 合同具有民事属性，但包含行政性因素，它是“行政中权力因素与合同中契约精神的统一”。目前，在 PPP 合同争议——主要指

① 对于私主体独立从事行政任务是否适用国家赔偿，学者亦有不同观点。陈军认为，私人经授权以自己的名义行使公权力的方式完成行政任务具有间接行政的特性，为实质的行政主体。为了确保公益的实现和公民合法权利免受侵害，国家必须对私人执行行政任务的公权力行为进行有效监督，国家具有公法上的监督责任。私人行使公权力时，国家对于私人的违法行为承担国家赔偿责任。参见陈军：《变化与回应：公私合作的行政法研究》，中国政法大学出版社 2014 年版，第 213 页。

② 林明锵、郭斯杰：《工程与法律十讲》，五南图书出版股份有限公司 2014 年版，第 267 页。

PPP模式下特许经营协议争议的解决模式上，学界存在民事诉讼模式、行政诉讼模式、混合模式和拆分模式等不同观点。政府与社会资本方分别在不同环境下塑形，已形成不同的行为模式，从而造成PPP当事人之间具有完全不同的“现状偏好”。[①] 具有公私混合属性的PPP合同，其争议解决已超越了行政诉讼或民事诉讼下比较单一的庭审目标，也超出了当事人之间的利益范畴。PPP合同发生纠纷时，政府希望司法机关能维护其公共利益代言人的角色，而社会资本方希望以平等身份解决纠纷，希望司法能最大化其私利益。[②]

建立健全符合中国实际的PPP合同争端解决机制，需要综合考量法律制度、文化传统、项目实践等多方面因素，进一步凝聚共识、统一认识。争议解决机制的科学设计是PPP项目参与各方的权利屏障，要充分研究推广和运用PPP模式的价值及目的所在，反推实现国家政策的最优手段，避免陷入脱离成文法规定和既定目标的无谓争论。[③] 正如联合国贸易委员会指出的那样，“投资者、承包商和贷款人如果想让新项目所涉合同所产生的任何争端在项目所在国得到迅速和公正的解决，便会因为受到鼓舞而参与PPP项目。同样，避免争端或迅速解决争端的高效程序将有助于当局行使监管职能”。修订后的《行政诉讼法》及司法解释将“政府特许经营协议”纳入行政诉讼程序规制，需要准确界分PPP合同与特许经营协议的区别，使PPP合同整体“逃离”被作为行政协议“网罗”的风险；同时，又要对PPP合同中确属于行政法的因素，通过对诉讼程序的完善，达致真正能够解决争议、保护权利的目的。

---

① “现状偏好”（status quo bias）是指在一切条件同等的情况下，人们会系统地倾向于维持一种他们所认知的状态，而不是转向另一种状态。

② 付大学：《PPP合同争议解决之司法路径》，载《上海财经大学学报》2018年第5期。

③ 江必新在“中国PPP协议发展及争端解决研讨会”上的发言，参见罗书臻：《坚持综合考量、努力凝聚共识、健全完善PPP协议争端解决机制》，载《人民法院报》2017年6月。

此外，由于“一带一路”沿线多是发展中国家，一方面，基础设施和公共服务建设、资源能源开发等比较落后，其投资需求很大；另一方面，政府财力有限，普遍缺乏建设资金，吸引境内、外社会资本参与基础设施和公共服务建设、资源能源开发成为其政府的一项重要政策目标。因此，PPP 模式在“一带一路”沿线国家和地区基础设施和公共服务建设、资源能源开发等项目融资中不断得到应用与推广。[①] 考虑到外资企业可以作为社会资本方参与我国 PPP 项目，以及我国企业“走出去”和“一带一路”等国家战略的需要，为了给投资者创造更有利的环境，在设计适合 PPP 合同争议解决机制时还应遵循以下原则：应保证外国公司有权按照与国内公司大致相同的条件向法院提出诉讼；外国法院判决或仲裁裁决能够得到执行；应容许非司法争端解决机制，并为在司法系统之外友好地解决争端创造有利条件。更为灵活高效的争议替代解决方式（Alternative Dispute Resolution，ADR）应得到重视和应用。

（一）通过民事诉讼程序解决政府特许经营协议争议的困境

选择民事诉讼模式解决行政合同争议，在我国并不鲜见。一般而言，是否选择民事诉讼程序审理行政合同争议案件与是否承认行政合同是两个不同的命题。即使是国内主要行政法学者的观点，也认为对于那些在民法体系和民事审判中已经得到处理，而且处理效果也不错的行政合同，没有必要重新调整管辖权，“只有对那些依据民法规则不好处理或者根本处理不了的契约形态，才考虑纳入行政审判程序。研究、归纳、提炼行政合同的司法裁判标准、审查形式和判决形式等”。[②] 江

① 杨丽花、周丽萍、翁东玲：《丝路基金、PPP 与“一带一路”建设——基于博弈论的视角》，载《亚太经济》2016 年第 2 期。

② 余凌云：《行政契约论》，中国人民大学出版社 2006 年版，第 145 ~ 146 页。最高人民法院梁凤云法官对于行政合同诉讼亦持开放观点，认为“行政合同通过行政诉讼还是民事诉讼救济并不是特别重要，如果通过民事诉讼能够解决行政合同问题，纳入到民事诉讼也未尝不可”。参见梁凤云：《论行政合同诉讼》，载《第十五届海峡两岸行政法学学术研讨会论文集》，第 98 页。

必新副院长更不讳言："目前，与公共服务有关的各类协议如PPP协议等，总体上仍未纳入行政诉讼受案范围。"① 但是，这并不意味着依民事诉讼程序解决特许经营协议争议没有困难。

1. 法律原则导致的困境

如果将PPP合同整体纳入民事诉讼程序进行规制时，最为核心的法律障碍，某种意义上甚至可以说是唯一的障碍，在于行政法规范和民法规范是依据不同的法律原则构建的。即行政法的基本原则是"依法行政"，行政机关作为PPP合同一方主体，其订约的权限、采购的程序、合同的内容都须具有法律上的依据，其出发点和落脚点都应关照行政职责的权限、行政目标的达成、公共利益的实现和维护。而民法的基本原则是契约自由，合同相对人的确定、合同形式的选择、合同内容的约定，只要不违反法律和行政法规的强制性规定，就应该得到法律的保护和当事人的信守。

从法律原则的根本性差异展开，适用民事诉讼程序裁判PPP合同争议案件，就会在以下环节受到掣肘。其一，政府方可以基于"公共利益"的维护，单方变更、解除合同甚至临时接管项目，如果此类合同调整并非由社会资本方违约所致，政府方会给予补偿。但是，此类补偿不同于民事损害补偿，其补偿范围和标准也不包括社会资本方的预期利益。其二，强制继续履行，如果政府方认为社会资本方停止项目建设或运营将损害社会公众的利益，可以基于行政权力的行使，要求社会资本方继续履行PPP合同，这种权力的行使与其是否在合同中明确约定没有关系。

2. 程序设计导致的困境

从行政法视角出发，需要对政府方缔结PPP合同的合法性进行审查，而且审查结果又直接影响了PPP合同效力的认定、行政权行使的正当性认定等，但是现有的民事诉讼程序是没有办法保障司法审查效

① 江必新：《行政协议的司法审查》，载《人民司法》2016年第34期。

果的。在政府特许经营协议争议案件中，审查行政主体有无权利签订政府特许经营协议、行政主体签订政府特许经营协议的程序是否合法、有无滥用行政权解除政府特许经营协议都需要按照依法行政原理来审理。在行政诉讼程序中，被诉行政机关负责人原则上应当出庭，行政主体必须做出答辩，说明理由，对于在规定期限内不提供答复和有关证据、材料的，可以直接撤销，并追究有关责任人的行政责任。但如果按照民事程序审理，行政主体作为民事主体一方，可以不答辩，不出庭应诉，这将导致行政权力的行使游离于法律监督审查视线之外，使司法机关对于政府方缔结 PPP 合同内部程序的适法性无从了解，进而影响合同效力的判断和裁判的准确性。

（二）通过行政诉讼程序解决政府特许经营协议争议的困境

法院对于行政合同争议案件的管辖权依据两个基本论点：一是来自防止行政机关单方权力的滥用，二是来自对与行政机关签约人的保护。在我国行政法学界，主张通过行政诉讼模式解决特许经营协议的观点占绝对统治地位。尤其在具备了成文法支撑的情况下，似乎颇有与民法学界“寸土不易”的气势。但是，从某种意义上来讲，恰恰是因为在程序法层面“突兀”地确立了行政协议制度，一方面在很大程度上阻却了 PPP 合同争议进入民事程序的通道；另一方面，行政诉讼程序自身在审查对象、举证责任、裁判方式以及是否适用调解等问题上，又难以解决具有明显双方合意特征的合同纠纷，从而形成困境。

从立法技术层面来看，我国现行通过行政诉讼程序解决行政协议纠纷的制度设计，由于缺乏实体法层面的支撑，对于行政协议适用的范围、订立的程序、履约的原则、违约的承担都缺少体系化安排的情况下，直接设计行政协议纠纷如何裁判，显然缺少正当性；从社会效果层面来看，我国行政诉讼案件中，行政相对人的胜诉率仅约 10%，[①]

① 顾功耘主编：《公私合作（PPP）的法律调整与制度保障》，北京大学出版社 2016 年版，第 3 页。

法院对于政府方的倾斜性保护，将实质性地损害社会资本方的合法权益以及国家推行PPP模式的政策目标。同时，行政法官自身对于PPP争议解决尚存在“本领恐慌”，[①] 因而必须针对特许经营协议纠纷的特点在行政诉讼制度框架中，对于行政协议自身的特征进行总结，建立解决行政协议纠纷的双向性构造的诉讼结构。在司法实践中，适用行政诉讼制度解决行政协议纠纷存在一定程度的不协调，突出表现在以下几个方面。

1.《行政诉讼法》关于原告的资格要求与行政协议的双方性不符。《行政诉讼法》关于原告的资格要求剥夺了行政机关的诉权。[②] PPP模式的特点和优势就在于通过政府和社会资本方通过合作的方式提供公共产品和服务，政府方授予社会资本方在一定区域、一定期限范围内，按照约定标准向使用者收取费用，这种特许权利具有独占性和排他性。作为对价，社会资本方承担项目建设和运营阶段的资金投入和商业风险，以换取可持续的合理回报。可见，在双方的长期合作过程中，大部分合同内容是通过协商确定的，争议的发生往往是多个因素相互交织的结果，所以在以“政府方恒定被告”[③] 为基础的程序设计中，政府方既无法主动追究社会资本方的合同责任，甚至不能被动地在行政诉讼中通过反诉来消解对方的诉讼请求，这显然与合同的基本原理相背离。

---

① 耿宝建、殷勤：《行政协议的判定与协议类行政案件的审理理念》，载《法律适用》2018年第17期。

② 我国《行政诉讼法》第49条规定：提起诉讼应当符合下列条件：（一）原告是符合本法第二十五条规定的公民、法人或者其他组织；（二）有明确的被告；（三）有具体的诉讼请求和事实根据；（四）属于人民法院受案范围和受诉人民法院管辖。同法第二十五条第一款规定：行政行为的相对人以及其他与行政行为有利害关系的公民、法人或者其他组织，有权提起诉讼。

③ 事实上，世界上许多国家和地区都有行政诉讼反诉制度。我国司法实践中，还出现过行政诉讼被告提出反诉的案例。余凌云教授认为，在行政契约的运作中及其纠纷解决中，行政机关自身解决纠纷的能力有限，必须依靠法院的力量来推动行政契约纠纷的解决和行政契约的履行。对于与原告诉求主张相反的意见和主张也需要提交给法院，由后者裁断是非，因此需要有反诉这样的制度。

2.《行政诉讼法》规定的单一合法性审查原则对于行政协议纠纷尚不足够。人民法院审理行政案件，应该按照《行政程序法》第6条之规定对行政行为的合法性进行审查。该条文的设计是以行政机关单方行使行政权为制度基础的，在特许经营协议纠纷中，合法性审查应适用于合同订立程序、政府采购、行政监管等环节，但是对于政府方作为PPP合同的一方主体，关于项目公司出资、补贴价款支付、违约金数额等合同条款，无法通过合法性审查予以判断，尚需引入合理性审查标准。

行政诉讼旨在控制公权、保护私权，民事诉讼旨在定分止争，在行政诉讼的框架下解决PPP项目协议纠纷，侧重点限于审查权力行使的合法性，即便只是政府方单纯的违约行为。这种处理方式模糊了权利与权力的边界，忽略了协议的契约性特征。

3. 法院的判决形式不能满足解决行政合同纠纷的需要。根据《行政诉讼法》第78条的规定："政府方不依法履行、未按照约定履行或者违法变更、解除政府特许经营协议的，人民法院判决被告承担继续履行、采取补救措施或者赔偿损失等责任。政府方变更、解除协议合法，但未依法给予补偿的，人民法院判决给予补偿。"

这是最新行政诉讼制度修订对于行政协议判决方式新增加的内容，认为特许经营协议的订立结合了公法规则和私法规则，强化了实现行政目的的契约性、平权性、双方合意性。虽然相较原来的行政诉讼程序有了较大的变化，但是对于特许经营协议是否得以撤销等问题并没有规定。

综上所述，鉴于PPP合同中的行政性因素主要包括政府采购、特许经营权的授予与撤销和政府方临时接管项目三个方面，PPP合同中基于交易性和协议性的其他事项，包括在项目融资、设计建造、运营维护和移交等环节产生的争议，完全可以纳入民事诉讼程序解决而不致损害任何一方权益。

但是对于政府特许经营协议本身具有单方行政性和双方合意性的

复合特征，而临时接管则是完全的单向行为。加之我国尚没有行政程序及行政合同方面的统一立法，在现有的司法救济程序中，单独适用民事程序无法完整地解决双方争议，维护公共利益和各方合法权益。比较民事诉讼和行政诉讼两种程序，应该认为对于 PPP 合同中的行政性争议，行政诉讼能够解决民事诉讼程序基于法律基础不同而不可能解决的实质问题，包括对行政主体行政行为合法性审查的问题，政府方基于公益目的单方终止合同或接管项目时，损失赔偿的法律适用问题等。否则，将导致“公法责任私法化”的后果。因此，需要对行政合同诉讼制度进行重新的构建，明确对民事法律的援引条件和适用范围，以期能够使 PPP 合同争议在同一个诉讼程序中得到解决。

三、PPP 合同争议解决制度的体系化改造

（一）PPP 合同争议解决制度改造的基本思路

1. 要正视已签约 PPP 合同争议解决方式选择的合法性问题

财政部和发改委作为国家推进 PPP 模式的主要相关部门，出台的相关文件密度最大且在《行政诉讼法》及其司法解释修订实施之前。导致其发布文件所提供的救济途径与现行上位法存在明显冲突。[①] 即使在行诉法及司法解释实施以后，国务院层面的立法活动仍然坚持将 PPP 合同争议整体纳入民事诉讼程序予以救济。[②]

---

① 例如《政府和社会资本合作模式操作指南》（试行）（财金〔2014〕113 号）中规定：在项目实施过程中，按照项目合同约定，项目实施机构、社会资本或项目公司可就发生争议且无法协商达成一致的事项，依法申请仲裁或提起民事诉讼；《政府和社会资本合作项目政府采购管理办法》（财库〔2014〕215 号）第 22 条第 2 款规定：项目实施机构和中标、成交社会资本在 PPP 项目合同履行中发生争议且无法协商一致的，可以依法申请仲裁或者提起民事诉讼。同样，发改委发布的《政府和社会资本合作项目通用合同指南》也规定：协商或调解不能解决的争议，合同各方可约定采用仲裁或诉讼方式解决。采用仲裁方式的，应明确仲裁事项、仲裁机构。

② 国务院法制办《基础设施和公共服务领域政府和社会资本合作条例》（征求意见稿）第 40 条规定：因合作项目协议履行发生的争议，可以依法申请仲裁或者向人民法院提起诉讼。

本轮国家层面大力推进PPP模式已近5年时间，其间已经有大量的项目按照上述法律规范的要求约定了争议解决方式，而《行政诉讼法》及司法解释施行后，上述文件也没有进行修订，这种情形将会造成司法机关和仲裁机构案件受理的混乱局面，PPP项目参与各方亦无法周全妥帖地维护自身权益。即使在《行政诉讼法》修订实施以后，作为目前国内规制PPP模式效力层级最高的法律文件，2015年6月1日开始施行的《基础设施和公用事业特许经营管理办法》规定："本办法实施之前依法已经订立特许经营协议的，按照协议约定执行。"因此，如果在《行政诉讼法》实施前所订立的特许经营协议，究竟是否可以适用仲裁条款，尚有待立法或司法机关释法。

2. PPP合同法定义务与约定义务区别对待是基本原则

PPP法律关系的定位与落实，应当符合一个国家的法律传统和法律体系，在我国行政诉讼已明确将"政府特许经营协议"纳入受案范围的立法现状下，不加区分地将PPP合同整体纳入任何一种救济程序，都无助于定分止争、维护权益目标的实现，甚至是对现行法律的违反。立足我国目前可供选择的法律资源和解释立场，如果存在较为完善的行政程序制度或行政合同制度，甚或存在法国那样统一的行政法院，可以把PPP合同中行政性义务和约定性义务的争议解决统一在一个行政合同制度之中。相反，如果行政机关各部门之间的协调性比较低下，尤其是本级政府对所属职能部门的协调能力比较低下的情况下，把合同中行政性义务的履行与约定性义务的履行分开安排亦具有可操作性。即法定义务的履行争议进入行政诉讼程序处理，约定义务的履行争议则进入民事诉讼程序解决，包括民事仲裁程序。①

3. 争议事项本身的法律属性是选择争议解决程序的基本标准

依据"近因理论"，PPP合同各个环节相互联结成一个法律上具

① 于安：《我国PPP合同的几个主要问题》，载《中国法律评论》2017年第1期。

有因果关系的链条，如果最接近合同的因果链条所蕴含、体现的是市场规律，如价值规律；如果该合同项下的权利义务呈现的是对等性，而非隶属和服从，那么就将该合同认定为民商合同，而非行政合同。在同一合同关系中同时存在行政性质与民商法律关系的属性的情况下，应该考察争议事项本身的法律属性，即哪种性质处于更重要的地位，更起主导作用。

司法机关对于 PPP 合同争议事项的法律属性应采取“实质审查原则”，普通民事主体签订的合同也可能涉及行政审批、行政许可、行政确定等内容，特许经营协议也不能因包含有上述内容就一概定性为行政合同。在认定争议事项的法律属性时，裁判机关应不拘泥于公法说、私法说等具体学说的框架约束，以双方所订立的契约内容为依据，参照双方当事人的合意、行政优益权的行使、特许经营条款、纠纷解决条款等内容对其进行实质性审查评定。①

因此，结合前述，PPP 合同争议事项中涉及合同订立过程中采购程序的合法性问题、特许经营权的授予问题和政府方对于项目的监督和接管问题具有典型的行政法特征，应适用行政诉讼程序解决争议；涉及 PPP 合同效力问题，由于需要对订立 PPP 合同的过程进行合法性审查，亦应适用行政诉讼程序；其余民事属性事项，或者虽有行政事项特征，但是适用民事规则不致损害公权或公众利益的，均应纳入民事诉讼程序调整。

PPP 合同当事人约定仲裁作为争议解决方式的，应该按照上述标准在合同中约定适用仲裁事项的范围，仲裁机构应该结合争议事项的法律性质和争议事项与行政关系的独立性来判断是否受理。

---

① 肖登辉、张文杰：《PPP 协议纠纷多发之成因、预防与治理——基于政府与社会资本方双重视角》，载《宁夏社会科学》2018 年第 6 期。作者认为 PPP 协议内容自身包含的权利义务、特许经营、行政监管与审批、行政优益权等公私权益的混合、身份的兼容、利益的交叉特点，PPP 协议从产生起其法律性质即具有不确定性，或者说，PPP 协议最大的特征就是协议的法律属性具有不确定性。

4. 重视替代争议解决方法的应用

PPP 合同具有交易关系复杂的特点，各种法律关系交织其中，单一通过司法救济途径，恐难以专业高效地完成案件审理，对合同双方和社会大众的权益造成损害。同时，PPP 作为长期继续性合同关系，需要与其性质相适应的特殊化纠纷解决机制。[①] 替代争议解决机制存在的意义不仅仅是为了解决法律纠纷，也有提前预防法律风险的功能。因此，替代争议解决方法（ADR）应该得到广泛的重视和应用。

此外，由于 PPP 的功能之一是吸引外部资本投向本国的基础设施和公共服务领域，尤其当前倡导经济全球化和“一带一路”战略在沿线国家蓬勃兴起之际，依赖某一个国家的国内法解决不同国别合同主体间的争议，势必涉及复杂的法律适用及准据法问题。“一带一路”沿线国家基础设施建设的资金缺口仍然巨大。必须拓展多元化融资渠道，推广和吸引私营部门参与基础设施项目，采用公私合作模式（PPP）是重要的举措。PPP 融资模式有助于缓解当地政府的财政压力、提升基础设施建设和运营效率、培育市场化运作机制，对“一带一路”沿线发展中国家优先实现基础设施互联互通，具有重大战略意义。有学者通过分析影响 PPP 项目实施成效的决定因素，研究发现一国的政治、经济和法律体系等制度质量指标是影响 PPP 项目成败的重要因素。此外，PPP 合同的风险结构等自身的特征变量亦对项目成功实施有重要影响。[②]

一般认为，ADR 发端于美国，而后为不同法域国家和国际组织广泛应用。ADR 包含三种主要类型，即调停（mediation）、调解

① 刘承韪：《美国公私合作关系（PPP）的法治状况及其启示》，载《国家行政学院学报》2018 年第 4 期。

② 刘浩、陈世金、陈超凡：《“一带一路”沿线国家基础设施 PPP 项目成效分析》，载《国家行政学院学报》2018 年第 5 期。

（conciliation）和小型审判（mini - trail）。[①] 联合国贸易法委员会编写的《私人融资基础设施项目立法指南》提供的防止和解决争端常用方法包括早期警告、建立伙伴关系、调解和调停、无约束力的专家评估、小型审判、高级行政人员评估、由独立专家审查技术争端、争端审查委员会、无约束力的仲裁和仲裁。[②] 有些国家在政府内部设立了专司解决 PPP 合同争议的机构，如韩国企划财政部下设 PPP 项目争端调解委员会、欧盟委员会建立了专门解决 PPP 上诉和纠纷的委员会性质的机构 PPP 管理委员会 PPPI、埃及政府设立的申诉委员会等。我国的 PPP 法律文件也鼓励由专家组织对 PPP 合同履行过程中的专业问题产生的争议进行评审。[③]

（二）PPP 合同争议解决制度改造的具体路径

对于 PPP 合同中能够依政府方自由裁量权，通过与社会资本方的平等协商达成合意的内容，由于并不涉及政府方主体行政优益权的行使，双方对于合同履行过程所生争议，应纳入民事诉讼程序调整，当无异议。而对于涉及 PPP 合同，尤其特许经营协议中关于合同效力、采购程序、行政监管等内容时，应该适用行政诉讼程序处理之，但是应当对于程序进行技术性改造，以回应合同的双方行为属性。

1. 审查原则改造

我国《行政诉讼法》确立了行政诉讼的合法性审查原则。[④] PPP

---

① ［英］彼得·希伯德、保尔·纽曼：《工程争端替代解决方法与裁决》，路晓村、王自青译，中国建筑工业出版社 2004 年版，第 22 页。

② 顾功耘：《当代主要国家公私合作法》，北京大学出版社 2017 年版，第 134 ~ 139 页。

③ 例如，发改委等六部委《基础设施和公用事业特许经营管理办法》第 50 条规定：实施机构和特许经营者就特许经营协议中的专业技术问题发生争议的，可以共同聘请专家或第三方机构进行调解。调解达成一致的，应当签订补充协议并遵照执行。国务院《基础设施和公共服务领域政府和社会资本合作条例（征求意见稿）》第 39 条规定：因合作项目协议中的专业技术问题发生争议的，协议双方可以共同聘请有关专家或者专业技术机构提出专业意见。

④ 《行政诉讼法》第 6 条规定："人民法院审理行政案件，对行政行为是否合法进行审查。"

合同作为具有行政因素的民事合同，政府方主体以合同的方式与社会资本方合作的行为，其合法性将直接影响 PPP 合同整体效力和履行。有学者认为，在审理政府特许经营合同等行政协议类案件时，法律适用的顺序为：以行政协议合法性审查为主线，优先适用行政法规范，准用合同法规范。① 可见，对行政协议审查原则、审查内容和审查标准进行改进具有必要性。尤其在成文法上已经确立了政府特许经营协议“行政协议”法律定位的基础上，依照单一的合法性审查原则，已不能合理有效地解决 PPP 合同争议。因而，在审查原则上应针对 PPP 合同案件的特点，建立起由合法性、合理性、合约性三方面组成的审查原则体系。

（1）对 PPP 合同的有效问题采取合法性、合理性审查原则

人民法院在审理 PPP 合同案件时，首先应当判断涉案的 PPP 合同是否有效。有效的 PPP 合同是合同当事人履约的前提，有效的 PPP 合同必须形式合法，内容合理。因此，在审查模式上应该实行双向性审查结构，既要对 PPP 合同当事人有没有违法问题进行合法性审查，又要对当事人有没有不恰当履约进行合理性审查。② 合法性审查，重点审查政府方对于采取 PPP 模式实施项目的决策程序是否合法，包括是否进行了两评论证、实施方案是否经过有权机关批准、政府采购程序是否合法等。对于社会资本方重点审查是否具有相应的行为能力、合同内容是否有违反法律法规或损害社会公共利益等问题。对于 PPP 合同变更、撤销是否具有法律依据的审查也属于广义合法性审查的范围。

要进行合理性审查，是因为 PPP 合同中的权利义务，尤其是政府方应承担的合同义务除了基于法定职责之外，更多的是与社会资本方

---

① 梁凤云：《行政协议案件适用合同法的问题》，载《中国法律评论》2017 年第 1 期。

② 莫于川主编：《行政法与行政诉讼法》，中国人民大学出版社 2012 年版，第 213 页。

协商一致的意思表示。政府方得以自由裁量事项的审查，就必须适用合理性原则。[①] 对PPP合同内容进行合理性审查，有助于防止政府方主体以PPP合同的“合法”形式出卖公权力，甚至借由所谓“自由裁量权”产生权利寻租、滋生贪腐。立法例上，《德国行政程序法》关于缔结双务合同的条件明文规定了“对待给付按整体情况判断须为适当，并与行政机关履行契约给付有实质联系”。并在其后规定了没有实质联系的对待给付条款无效。这里的“实质性联系”的判断就是基于合理性原则的判断。当然，对政府方自由裁量权的司法审查应该是有限度的，应采取“负面清单制度”，即PPP合同权利义务安排中，是否存有对于政府方明显不合理的条款或约定，对于社会资本方不合理的约定，不应该属于被审查对象。在PPP合同效力的审查中，合理性审查主要包含两方面内容：一是PPP合同是否符合订立合同的行政目的，这里的辅助性审查标准应为PPP模式的采用，是否经过了物有所值（Value for Money，VFM）论证；二是合同当事人订立合同目标是否出于完成公务或实现公益的需要，合同权利义务配置是否符合一般交易习惯。PPP合同符合这两方面标准，法院可以判定该PPP合同符合合理性要求。

（2）对政府方的履约行为采取合法性、合约性审查原则

对政府方主体的不同履约行为应该区别对待。如果属行政主体行使法定优益权的行为应当采用合法性审查，即应遵循“法无授权不可为”原则。行政主体必须在法定条件下，按照法律规定的方式、程序行使法定“优益权”，法律对行使“优益权”的行为与单方行政行为的要求一样，因而应适用合法性审查原则。而对于政府方作为合同当

① 有观点认为，我国行政诉讼中合法性审查原则包含合理性审查的内容。其依据为《行政诉讼法》第70条关于撤销被诉行政行为的情形中，在“滥用职权”的基础上增加了“明显不当”，两种情形合在一起就把行政裁量明显不合理的各种情况包括在内。法院据此可以对被诉行政行为的合理性作出判断。参见江必新主编：《中华人民共和国行政诉讼法及司法解释条文理解与适用》，人民法院出版社2015年版，第51页。

事人身份的其他履约行为应当适用合约性审查。此处，应遵循“法无禁止即可为”的原则，PPP合同一旦合法成立并生效，对于缔约双方具有同法律法规一样的拘束力，政府方必须履行合同义务。PPP合同的内容，只要不违反法律规定、不超越政府方主体的法定权限、不损害社会公共利益，即可由双方平等协商确定。因此，政府方的行为不但要符合法律的规定，也要符合PPP合同的约定。实行合法性、合约性综合审查原则，可以有效地监督和督促行政机关履行合同，有利于PPP合同目标的达成。

（3）对政府方非诉行政执行程序的审查

有观点认为对于社会资本方的违约行为，政府方得以通过非诉行政执行程序实现救济。也就是说，社会资本方对特许经营协议既不提起诉讼又不履行约定义务的情况下，政府方可以向人民法院申请强制执行。人民法院审查政府方申请强制执行特许经营协议的案件，应当组织听证，一并对特许权授予的合法性、有效性以及双方履行协议等情况进行审查。经审查准予强制执行的，人民法院应当作出具有执行内容的裁定。[①]

2. 举证责任改造

举证责任分配规则，可以上溯至罗马法时代，是指在原、被告等当事人之间发生争议的事实，在没有证据或证据不足以证明的情况下，法律规定的由谁承担败诉的责任，即后果责任的分配规则。[②] 举证责任制度是证据制度的核心，行政诉讼举证责任分配是行政诉讼中最重要的问题之一，[③] 它使法官即使在事实不明时仍可以为裁判。我国现行行政诉讼的举证责任分配原则为，被告对行政行为承担举证责

① 梁凤云：《行政协议案件的审理和判决规则》，载《国家检察官学院学报》2015年第4期。

② 刘善春：《行政诉讼举证责任分配规则论纲》，《中国法学》2003年第3期。

③ 江必新主编：《中华人民共和国行政诉讼法及司法解释条文理解与适用》，人民法院出版社2015年版，第203页。

任起主导作用，原告在一定范围内承担举证责任。①

举证责任应当有助于法院对案件的审理做出公正判决，争讼当事人的诉讼地位决定着举证责任的配置。PPP 合同案件的特殊性，决定了在 PPP 合同案件中应实行独特而综合的举证责任分配：合法性和合理性问题的举证责任由政府方承担；合约性问题的举证责任依“谁主张，谁举证”原则进行分配。

基于 PPP 合同的行政性因素的影响，政府方主体应就其行为的合法性承担举证责任。在 PPP 合同订约阶段，政府方就自身缔约权的合法性，包括缔约资格、缔约权限承担举证责任；在政府采购阶段，政府方主体就自身是否遵守缔约程序的合法性，是否保证所有潜在社会资本方都获得了平等的对待、评审过程及标准是否客观公正承担举证责任；在合同履行阶段，政府方就其特许经营权的授予、项目监管、行政审批、临时接管等行政性权力的行使是否合法承担举证责任。另外，依据行政法的比例原则要求，PPP 合同中政府方自由裁量权行使是否合理的问题，如 PPP 合同是否可以达成行政目的，PPP 项目是否经过了物有所值评价和政府财政承受能力评价，行政主体同样负有举证责任。因为对于上述内容，政府方在证据掌握上占有优势，在证据的提供上也比社会资本方举证能力更强，故由政府方主体承担举证责任是公平的，也符合行政诉讼效益原则。于此条件下，行政主体提供的证据，和一般行政诉讼中的证据规则相同，只能是决策适用 PPP 模式时所形成的证据，争议发生之后获得的证据不应为法院裁判所采信。

---

① 我国《行政诉讼法》第 34 条第 1 款规定：被告对作出的行政行为负有举证责任，应当提供作出该行政行为的证据和所依据的规范性文件。同法第 38 条规定：在起诉被告不履行法定职责的案件中，原告应当提供其向被告提出申请的证据。但有下列情形之一的除外：（一）被告应当依职权主动履行法定职责的；（二）原告因正当理由不能提供证据的。在行政赔偿、补偿的案件中，原告应当对行政行为造成的损害提供证据。因被告的原因导致原告无法举证的，由被告承担举证责任。

基于PPP合同的民事属性，就政府方主体违约的事实问题，举证责任应该采用与普通民事合同争议相同的“谁主张，谁举证”的分配原则。尤其对于合同履行过程和违约责任承担内容，各方应该就己方全面完整履行合同约定和对方存有违约情形承担举证责任，对于对方提出守约和己方违约的情形，提出证据加以反驳。于此条件下，证据不论是当事人在合同履行过程中取得的，还是在违约行为发生之后取得的，都可以提交法院作为判决的依据。

此外，应注意防范政府方“恶意”适用举证规则规避责任。依据我国《行政诉讼法》确立的举证责任分配原则，政府方不提供或者无正当理由逾期提供证据的，将被视为没有相应证据。其法律后果可能导致做出的行政合同被认定为违法而予撤销。该项规则适用于PPP合同争议时可能产生政府方“恶意”不提供证据，“主动”追求合同无效或被撤销的法律后果，以达到规避违约责任或承担赔偿的法律效果，这显然是极不合理的。所以对于PPP合同效力的证明责任，如果社会资本方主张合同无效的，由其承担举证义务；政府方单方主张合同无效，社会资本方不予认可的，政府方承担举证责任，政府方无法证明合同无效的，应认为合同有效。

由于PPP合同纠纷牵涉法律关系复杂且主体众多，在没有法律法规的明确规定或者无法判断适用何种举证责任分配时，为了使案件可以得到顺利解决，可以适当赋予法院依具体案情和各方举证能力的强弱决定举证责任由谁承担的权力。[①]《行政诉讼法》及其司法解释关于审理行政协议案件可以在一定条件下适用民法的规定，当然包含适用《民事诉讼法》的规定，因此人民法院可以更为弹性地分配PPP合同争议各方的举证责任。

3. 调解制度改造

2014年修正的《行政诉讼法》对于不适用调解的范围进行了适

① 杨解君：《中国行政合同的理论与实践探索》，法律出版社2009年版，第170～175页。

度的限缩，行政赔偿、补偿以及行政机关行使法律、法规规定的自由裁量权的案件可以调解，但总体上依然确定了人民法院审理行政案件不适用调解的法律规则。[①] 这主要是基于行政职权法定原则即行政职权的非处分性所做出的制度安排。但是正如苏力所言："中国社会大量存在着尚未格式化、因此难以规则化处理的争议，争议解决应当成为法官最主要的关注。"[②] 正是基于对争议解决功能的重视，调解在诉讼中才赢得了生存空间。

从行政性角度解析在行政合同争议诉讼中适用调解的正当性，主要是从裁量行政或者行政机关的自由裁量权入手。[③] 自由裁量领域的存在，为契约自由的移植提供了土壤；而契约自由理念又为自由裁量行政提供了依据。[④] 而从合同属性角度解析行政合同争议诉讼中适用调解的正当性，主要是从合同的合意性入手。行政合同的双方合意性奠定了调解原则的适用基础。具体到PPP合同层面，合同争议适用调解和和解是一个不证自明的问题，即如果人民法院组织双方进行了调解，或者双方在诉讼程序中进行了和解，其外观形式完全可以是达成了一份"补充协议"，因此完全具备正当性。此外，根据最高人民法院的司法观点，人民法院在解决基于特许经营协议产生的赔偿、补偿、采取补救措施

① 我国《行政诉讼法》第60条第1款规定：人民法院审理行政案件，不适用调解。但是，行政赔偿、补偿以及行政机关行使法律、法规规定的自由裁量权的案件可以调解。

② 苏力：《送法下乡——中国基层司法制度研究》，北京大学出版社2011年版，第4页。

③ 胡宝岭：《行政合同争议司法审查研究》，中国政法大学出版社2015年版，第310页。

④ 张泽想：《论行政法的自由意志理念——法律下的行政自由裁量、参与及合意》，载周国均主编：《中国法学文丛·行政法行政诉讼法卷》，中国人民公安大学出版社2004年版，第149页。但也有观点认为，自由裁量权不等于自由处分权，法律之所以赋予行政机关自由裁量权，其目的在于使这种授权能够适用于每一个场合，更准确地将具体事项适用于法律，而绝不意味着行政机关可以任意作为。因此，自由裁量权不是任意性裁量权，并不能随意处分这种职权。参见张尚鷟主编：《走出低谷的中国行政法学——中国行政法学综述与评价》，中国政法大学出版社1991年版，第487页。

等问题时，可参照《行政诉讼法》第60条的规定适用调解。[①]

但是，在行政诉讼程序中适用调解应受到限制，例如，对于当事人行为合法性判断不适用调解；对于合同性质的判断不适用调解；对于合同效力的判断不适用调解等。人民法院制作的调解书应具有终结诉讼程序的法律效果。

（三）基于实证的裁判观点分析

尽管理论上区分民事合同与行政合同有主体说、目的说以及法律关系说三种学说，多数学者主张目的说，但经过案例研究，发现人民法院并未采用单一学说，而是通过合同主体、目的和内容综合判断。江苏高院课题组检索最高人民法院“中国裁判文书网”,[②] 以“BOT”和“PPP”为关键字，共录得 BOT 裁判文书 493 份，PPP 裁判文书 20 份。考虑以下三点：（1）上述裁判文书可能涉及同一案件的多个法院审级；（2）各级法院审理 PPP 类案件的经验和能力尚不成熟，难以形成具有公信力的裁判观点；（3）大多数裁判文书形成于新的《行政诉讼法》实施之前，并不具备参考价值。故以“行政协议”为关键字，法院层级为最高人民法院，裁判日期为新版《行政诉讼法》修订实施以后，即2015年1月1日至2017年9月13日，共检索到85个结果，其中民事案由6个，行政案由17个。结合本书研究问题，并选取近年有代表性的裁判文书，梳理人民法院审理 PPP 合同的裁判观点如下。

1. 裁判观点之一：应结合争议内容独立性和行政主体身份对案件争议法律关系的影响判断案件法律性质。

【典型案例】最高人民法院（2014）民二终字第40号二审民事裁

---

① 江必新主编：《中华人民共和国行政诉讼法及司法解释条文理解与适用》，人民法院出版社2015年版，第518页。

② 载中国裁判文书网：http：//wenshu. court. gov. cn/Index。本文案例检索和数据统计截止时间为2017年9月16日。

定书，北京北方电联电力工程有限责任公司（以下简称北方公司）与乌鲁木齐市交通运输局（以下简称交通局）其他合同纠纷。[①]

该案中一审法院新疆维吾尔自治区高级人民法院认为，案件所涉《乌鲁木齐市乌拉泊至板房沟、水西沟公路工程项目BOT投资协议书》的合同当事人交通局一方为行政机关，双方签订合同目的是履行行政机关的行政职责并实现社会公共利益。交通局在合同的订立、履行监管、变更和解除等方面均享有单方的优益权，而且合同的履行与行政许可行为紧密相关联，故交通局并不是以平等民事主体的身份与北方公司签订上述协议书，基于上述协议书所产生的诉讼应当属于行政诉讼而非民事诉讼，故本案不属于人民法院民事诉讼案件的管辖范围。

最高人民法院二审认为：（1）案件争议的主要内容为BOT协议终止后，已完工程回购款的支付依据问题。（2）以交通局行政主体身份，不能想当然地决定本案争议为行政法律关系。争议法律关系的实际性质，不能仅凭一方主体的特定身份确定。需要进一步判断争议是否与行政主体行使行政职权或履行公务相关，应结合争议事项的法律性质具体认定。（3）交通局和北方公司在已完工程回购价款的支付问题上，处于平等的法律地位，[②] 故应适用民事法律规范协商解决案件争议。

2. 裁判观点之二：PPP合同涉及的行政性内容是合同履行行为，不能决定合同的性质。

【典型案例】最高人民法院（2015）民一终字第244号民事裁定书河南新陵公路建设投资有限公司与辉县市人民政府管辖权异议纠纷。[③]

---

① 本案裁判文书制作时间为2014年7月25日，系《行政诉讼法》修订之前，其案由为“其他合同纠纷”。

② 这份裁判文书中，仍然隐约透露出最高人民法院认为行政法律关系或者说行政合同法律关系当事人法律地位并不平等的意味。

③ 本案最高人民法院《民事裁定书》系2015年10月28日制作，系修订《行政诉讼法》施行以后的裁判观点。

最高人民法院二审裁判观点认为：辉县市新陵公路建设指挥部与河南省万通路桥建设有限公司（该公司为新陵公司主要投资人）签订的《关于投建经营辉县上八里至山西省省界公路项目的协议书》是典型的以BOT模式实施的政府特许经营协议。双方订立合同的主要目的为开发和经营新陵公路及其附属设施。虽然合同的一方当事人为辉县市政府，但合同相对人新陵公司在是否订立合同以及约定合同内容等方面仍享有充分的意思自治，并不受对方行政机关主体身份的强制和影响，合同内容体现了双方当事人的平等协商一致的合意。合同涉及的相关行政审批和行政许可等内容，属于合同的组成部分，不能决定BOT合同的法律性质。因本案合同具有明显的民事法律关系性质，应当定性为民事合同，不属于新《行政诉讼法》规定的行政协议。

3. 裁判观点之三：特许经营权的授予属于行政许可行为。

【典型案例】最高人民法院（2014）民二终字第12号民事裁定书和田市人民政府与新疆兴源建设集团有限公司、和田天瑞燃气有限责任公司合同纠纷一案。

最高人民法院二审裁判观点认为：本案所涉《和田市天然气利用项目合同》系由和田市政府作为一方当事人依据其行政机关公权力所签订，体现了其履行行政职责的行为。案件所涉特许经营权的授予属于行政许可行为，不宜因行政许可系以双方签订合同方式取得而否定其行政性质。此外，本案中和田市政府出具批复同意接管兴源公司和天瑞公司天然气运营业务的行为，在法律性质上应属于行政行为。故本案所涉合同并非平等主体之间所形成的民事法律关系，不属于人民法院民事案件受理范围，当事人可依据相关行政法规定另行提起行政诉讼。[①] 原审法院将此作为民事纠纷予以受理并做出实体判决不当，[②] 应予纠正。

---

① 最高人民法院做出上述判决后，原审法院新疆维吾尔自治区高级人民法院依据行政诉讼程序做出（2015）新行终字第29号行政判决书。

② 本案一审法院新疆维吾尔自治区高级人民法院适用民事诉讼程序，曾于2013年6月24日作出（2009）新民二初字第1号民事判决书。

4. 裁判观点之四：签订《特许经营合同》系行政行为，但行政行为违法并不必然导致撤销。

【典型案例】最高人民法院（2015）行监字第2035号行政裁定书广西梧州市中威管道燃气发展有限责任公司与苍梧县人民政府、苍梧县住房和城乡建设局等申诉案。

最高人民法院经审理认为，被诉的行政行为是苍梧县政府与中金公司于2013年2月25日签订《特许经营合同》的行为，人民法院应对该行为的合法性进行审查。在苍梧县政府与中金公司签订《特许经营合同》之前，经苍梧县政府授权，苍梧县建设局已与中威公司于2010年4月23日签订了《苍梧县管道燃气特许经营协议书》（以下简称《燃气特许经营协议》），该协议合法有效，中威公司因此取得合同约定的管道燃气特许经营权。在苍梧县政府与中金公司签订《特许经营合同》之时，与中威公司签订的《燃气特许经营协议》并未依法解除或者撤销，两份合同在约定的特许经营权地域和期限上基本一致，苍梧县政府中止中威公司的特许经营权，将该经营权授予中金公司，属擅自改变已生效的行政许可的行政行为，违反法定程序，亦损害了中威公司的信赖利益，一审、二审法院确认被诉行政行为违法，并无不当。但是，被诉行政行为违法，并不必然撤销该行政行为。最高人民法院《关于执行〈中华人民共和国行政诉讼法〉若干问题的解释》（以下简称《行诉法若干解释》）第58条规定，被诉具体行政行为违法，但撤销该具体行政行为将会给国家利益或者公共利益造成重大损失的，人民法院应当作出确认被诉具体行政行为违法的判决，并责令被诉行政机关采取相应的补救措施；造成损害的，依法判决承担赔偿责任。本案中，首先，中金公司在签订《特许经营合同》后已经基本完成市政管道铺设，基本建成管道燃气门站等管道燃气供气设施，并已取得梧州市市政局试运行的批复，可见中金公司对工程已有大量投入，燃气供应也已进入试运行阶段，部分辖区内的居民开始接受供气。若撤销该合同，将导致已使用燃气的用户暂停用气，延后尚未使用燃气的居民的用气时间，影响居民的生活。其次，若撤销该合同，中威公司如无法接收中金公司已建设的燃气设施，将导致工程重复建设，浪费市政资源，增加社会管理成本。最后，从燃气工程建设的速度和进度来看，中金公司明显优于中威公司，更符合政府行政管理目的，更有利实现行政管理职能，维护公共利益。因此，撤销该合同将造成社会公共利益损失，二审法院适用《行诉法若干解释》第 58 条规定，确认被诉行政行为违法，责令相关行政机关于判决生效 6 个月内给予中威公司合理弥补，并无不当。

5. 裁判观点之五：未经招标授予特许经营权违反《行政许可法》规定。

【典型案例】最高人民法院（2017）最高法行申 6054 号行政裁定书平果华商清洁能源有限公司、广西田阳华商清洁能源有限公司再审审查与审判监督案。

最高人民法院经审查认为，《中华人民共和国行政许可法》第 12 条第 2 款、第 53 条规定，实施有限自然资源开发利用、公共资源配置以及直接关系公共利益的特定行业的市场准入等事项行政许可的，行政机关应当通过招标、拍卖等公平竞争的方式作出决定。《市政公用事业特许经营管理办法》第 8 条规定，市政公用事业特许经营项目，应当向社会公开发布招标条件，通过公开招标，择优选择特许经营权授予对象，并向社会公示中标结果。本案中，田阳县政府未经招投标程序，授予平果华商公司管道燃气特许经营权，违反法定程序。但是，由于平果华商公司取得管道燃气特许经营权在先，田阳新山公司取得在后，上述违反法定程序行为并未对田阳新山公司的合法权益造成损害，二审判决确认田阳县政府授予平果华商公司管道燃气特许经营权行为违法，符合法律规定。

6. 裁判观点之六：PPP 合同中政府方接管项目的行为属行政行为。

【典型案例】最高人民法院（2015）民申字第 3013 号民事裁定书

漳浦中环天川环保水务有限公司与漳浦县环境保护局、漳浦县赤湖镇人民政府等侵权责任纠纷一案。

最高人民法院裁判观点认为：案件中赤湖镇政府是对本辖区环境质量负有管理责任的地方人民政府，《项目特许经营权协议》合同标的为污水处理项目，赤湖镇政府签订和履行污水处理特许项目协议是其行使公共管理和公共服务职责的方式，该行为具有行政属性。对于漳浦中环天川环保水务有限公司不按照协议约定提供公共服务、损害社会公共利益的行为，行政机关可以依法取消其特许经营权。本院认为，赤湖镇政府在发生危及公共安全和健康的紧急情况下对项目的建设和运营采取监督管理措施，既符合合同约定，也不违背其法定职责。因此，特许项目协议关于政府方在危及公共利益的紧急情况下有权接管项目的约定具有行政协议性质。

7. 裁判观点之七：认定特许经营权的区域范围，超出人民法院民事裁判的范畴。

【典型案例】最高人民法院（2015）民申字第256号民事裁定书商丘新奥燃气有限公司与商丘昆仑燃气有限公司侵权责任纠纷一案。

最高人民法院审查认定，新奥公司与商丘市政府公用事业局签订的《城市管道燃气特许经营协议》法律属性为行政协议。案件涉及争议的解决，不能回避商丘市城市区域范围的认定问题。而城市规划区域应由行政机关依法确定。

在行政机关未明确本案《城市管道燃气特许经营协议》所涉商丘市城市规划区域范围的情况下，直接认定新奥公司依该协议所享有特许经营权的区域范围，超出人民法院民事裁判的范畴。

8. 裁判观点之八：特许经营协议关于以仲裁方式解决争议的约定

有效。[①]

【典型案例】北京市第二中级人民法院〔2017〕京02民特11号《民事裁定书》巴中市人民政府与四川巴万高速公路有限公司申请确认仲裁协议效力案。

北京市第二中级人民法院认为，巴中市政府和达州市政府为改善辖区公路网络，加强川东北经济区大运量通道建设，促进革命老区和贫困地区优势资源开发和经济社会快速发展，决定开发建设巴中至万源高速公路。从巴中市政府和达州市政府与项目公司即巴万高速路公司签订的特许权协议约定的主要内容来看，巴中市政府和达州市政府授权巴万高速路公司具体实施该项目的投资、建设、经营、维护及移交等事宜，其中包含运营期间的收费事项。由此可见，双方签订的特许权协议系典型的BOT协议，其一方面具有政府向社会公众提供公共设施的目的，另一方面又具有签约双方获取一定经济利益的目的，该项目并非是巴中市政府和达州市政府完全无偿、单一地向社会公众提供的公共服务。尽管协议的一方当事人巴中市政府和达州市政府为行政机关，但巴万高速路公司作为协议的相对方对在项目建设过程中订立合同及决定合同内容等方面，仍享有充分意思自治的权利，并不受巴中市政府和达州市政府单方行政行为的强制，同时协议还约定巴中市政府和达州市政府保证按照协议约定向巴万高速路公司实施项目建设提供必需的政策支持和必要的协助，且协议还包括了双方具体的权利义务及违约责任等内容，均体现了签约双方当事人平等、等价协商一致的合意。涉案特许权协议并未仅就行政审批或行政许可事项本身进行约定，其涉及的相关行政审批和行政许可等其他内容，均为协议履行行为的一部分，属于该协议的组成部分，并不能仅以此决定涉案

① 根据最高人民法院《关于审理仲裁司法审查案件若干问题的规定》（法释〔2017〕22号）第2条第1款规定："申请确认仲裁协议效力的案件，由仲裁协议约定的仲裁机构所在地、仲裁协议签订地、申请人住所地、被申请人住所地的中级人民法院或者专门人民法院管辖。"故本书所选择典型案例系由中级人民法院做出。

协议的实质性质。因此，从涉案特许权协议的目的、主体、职责、双方权利义务等内容考量，该协议不属于《行政诉讼法》第12条第11项及最高人民法院《关于适用〈中华人民共和国行政诉讼法〉若干问题的解释》第11条第2款规定的情形，其具有明显的民商事法律关系特征，应当认定为民商事合同性质。

巴中市政府和达州市政府与巴万高速路公司在涉案特许权协议第13条“争议的解决”中约定，双方发生任何争议，任何一方可以向中国国际经济贸易仲裁委员会申请仲裁，仲裁裁决是终局性的并对协议双方具有约束力。首先，上述约定条款中，具有请求仲裁的意思表示、仲裁事项、选定的仲裁委员会，符合《仲裁法》第16条关于仲裁协议形式及要件的规定及最高人民法院《关于适用〈中华人民共和国仲裁法〉若干问题的解释》第2条关于“当事人概括约定仲裁事项为合同争议的，基于合同成立、效力、变更、转让、履行、违约责任、解释、解除等产生的纠纷都可以认定为仲裁事项”的规定。其次，如前阐述，涉案特许权协议不属于《行政诉讼法》第12条第11项及最高人民法院《关于适用〈中华人民共和国行政诉讼法〉若干问题的解释》第11条第2款规定的情形，属于民商事协议，且双方约定的上述仲裁条款不具有《仲裁法》第17条第1项规定的“约定的仲裁事项超出法律规定的仲裁范围”仲裁协议无效的情形，故上述约定条款为有效的仲裁协议条款。

通过以上典型案例，可以发现：首先，各地高院与最高院对于同一案件所涉及的PPP合同法律属性认识并不一致，意味着即使在新的《行政诉讼法》及司法解释实施以后，人民法院对于PPP合同与特许经营协议的关系、特许经营协议中的行政条款和民事条款的区分还没有形成稳定的裁判观点。其次，最高院认同即使有行政主体参与的PPP合同亦要考虑争讼事由的法律属性、行政主体身份对争议事项的影响程度等因素综合确定应适用的裁判程序。进言之，争议解决程序的选择，不是简单由争议所基于的合同名称决定的，而是由争议本身的性质决定的，而争议的性质主要看争议的引发是否涉及行政权力的行使。[①] 再次，最高人民法院认为 PPP 协议中的行政性因素系属合同履约行为，并不影响合同整体民事属性的认定。最后，最高人民法院认同特许经营协议中政府方基于公共安全和公众利益行使监管权力接管项目的条款，即使属于双方达成的合意，仍属行政性质条款。

① 焦洪宝：《政府与社会资本合作项目争议的解决方式》，载《政法论丛》2018 年第 8 期。

结　语

我们身处一个伟大的时代，我们身处一个变革的时代。我们国家立法进程中的三个重大事件，使本书的研究具有了时代性、必要性和紧迫性。第一个影响事件是自 2014 年以来国家大力推进在基础设施和公共服务领域关系国计民生的政府和社会资本合作模式，PPP 合同应该是在日常经济活动中被高频次、大规模使用的交易结构最为复杂的合同形式。国家层面正在进行 PPP 立法，以规范 PPP 模式可持续推进。第二个影响事件是 2015 年开始施行的修订后的《行政诉讼法》及其司法解释，将政府特许经营合同纳入行政诉讼程序调整，行政协议制度的确立与 PPP 的推广迎头相撞，造成了法律适用上极大的争议和混淆。第三个影响事件是 2017 年《民法总则》的出台拉开了我国编纂统一民法典的序幕，民法各编将陆续出台，政府和社会资本合作（PPP）合同如果不能够作为典型合同列入《合同法》分则部分，恐怕以后也断无可能，[①] 这势必影响我国以推进 PPP 模式实现公共治理方式改革的战略安排，也将进一步加深民法学界和行政法学界对于行政合同的学术分歧。

PPP 合同的有名化，终须以具体法律条文进行呈现和表达。在总

① 除去在《合同法》分则中进行规定，PPP 合同有名化的另一路径，是在特别法中进行规定，并赋予法定名称，也属于典型合同。参见韩世远：《合同法总论》，法律出版社 2018 年版，第 70 页。

结本书从PPP合同的民事属性到有名化必要性的论证逻辑基础上，需要对现有的《民法典》（草案）学者建议稿中的PPP合同条文，即前述王利明老师、梁慧星老师主导编写文本进行检讨，并结合国内外PPP合同文本的先进经验，形成作者的条文建议稿。

一、学者建议稿PPP合同立法比较及评析

（一）学者建议稿PPP合同立法比较

1. 建议稿的共同特点

（1）二者均认可PPP合同的重要性

鉴于二者在各自条文中所使用的合同名称略有不同，并考虑本书写作之方便，本章将两份建议稿中的合同统称为PPP合同。在现行《合同法》中，PPP合同并不是作为典型合同存在的。而在编纂《民法典》学者建议稿的过程中，二者不约而同地将PPP合同作为有名合同设于《合同法》分则中，足见对该类合同重要程度的认可。

（2）二者均认可PPP合同的要式性

要式合同，是指必须依据法律规定的形式而成立的合同。对于一些重要的交易，法律常常要求当事人必须采取特定的形式订立合同，[①]两份建议稿中均要求此类合同“应当采取书面形式”。项目建设运营合同内容复杂，常在一个总合同之下还需分别订立工程承包合同、贷款合同和项目经营合同等。项目建设运营合同为有偿、双务、诺成、要式合同。[②]

（3）二者均认可运营人的运营权和收费权

通过许可人对于运营人（梁慧星老师称建营人）的许可，赋予其运营项目的权利，并通过向用户收取费用的方式获得回报，是PPP合

① 韩世远：《合同法总论》，法律出版社2008年版，第50页。

② 梁慧星：《中国民法典草案建议稿附理由——合同编》（上册），法律出版社2013年版，第635页。

同区别于其他民事合同的重要特征。两份建议稿均对运营人的运营权（梁慧星老师建议稿称为项目经营权）和收费权进行了确认。

（4）二者均认可对运营权转让进行限制

两份建议稿均注意到了许可人系基于对运营方履约能力的认可而与之订立合同，运营方亲自履行合同对于实现合同目的和维护公益具有实质意义。项目经营权是项目建营人的特许权利，在约定的期间内应当由专门从事项目建营的人行使，不得自行让与他人。因此，要求未经许可人同意，运营人不得转让运营权。

（5）二者均认可许可人对项目的监督检查权

因为建设运营合同标的为政府工程的建设和运营，工程的最终所有权属于政府。项目许可人有权对项目建设运营实施监督与检查，并对有关的收益进行审计。许可人行权需以不妨碍项目正常建设运营为限。

2. 建议稿的主要区别

（1）二者对于运营人选择的方式不同

王利明老师的建议稿中，对于运营人的产生方式没有特别说明，梁慧星老师建议稿则强调 PPP 合同需以招投标方式订立。

（2）二者对 PPP 合同生效条件规定不同

王利明老师建议稿要求工程建设运营合同需要依照法律或者行政法规的规定办理批准手续后，方可生效。[①] 梁慧星老师建议稿没有对合同生效条件进行特别规定。

（3）二者对于准用合同规定不同

梁慧星老师建议稿中，对于与项目建设运营合同相类似的建设工程类合同，包括建设、交付、运营合同（BTO 合同），建设、交付合

---

① 王利明老师建议稿在《合同编·总则》部分第 1311 条（合同的生效条件）中亦规定：依法成立的合同，自成立时生效。法律、行政法规规定应当办理批准、登记等手续生效的，依照其规定。参见王利明主编：《中国民法典草案建议稿及说明》，中国法制出版社 2004 年版，第 180 页。

同（BT合同），建设、所有、运营合同（BOO合同）和建设、运营、租赁、交付合同（BOLT合同）等准用本章规定。王利明老师建议稿没有对类似合同准用进行明确规定。但是指出，本章没有规定的，适用建设工程合同以及买卖合同的有关规定。

（二）学者建议稿PPP合同立法评析

开展政府和社会资本合作，有利于创新投融资机制，拓宽社会资本投资渠道，增强经济增长内生动力；有利于推动各类资本相互融合、优势互补，促进投资主体多元化，发展混合所有制经济；① 有利于理顺政府与市场关系，加快政府职能转变，充分发挥市场配置资源的决定性作用。PPP项目参与各方的权利义务关系，需通过合同进行安排和配置，而PPP合同无论从订立、效力、履行、违约等各个环节均涉及与一般民事合同迥然有异的特殊规则，加之其投资额度大、履约时间长的特征，将PPP合同作为典型合同纳入法律规制，实属必要。

综合分析二位老师的PPP合同条文，对于合同定义、形式、一般交易结构、风险分配机制等原则性问题进行了规定，有助于合同各方当事人准确理解PPP合同一般规则，对于在全国范围内深入推进实施PPP模式具有积极作用。但是，囿于二位老师编纂建议稿时，我国尚未大规模应用PPP模式，对于该模式的理解也就没有办法十分深刻，导致其条文设计与项目实践存在一些偏差，现评析如下。

1. 建议稿回避了PPP合同的法律属性的问题

依据梁慧星老师建议稿对于PPP合同的定义：项目建设运营合同（Build - Operate - Transfer，简称BOT合同）系一国政府为进行与国计

---

① 随着PPP模式在我国的不断成熟与国有企业改革的不断深化，混合所有制改革同PPP模式产生日益密切的联系。一方面，PPP模式引入社会资本提供公共产品，是混合所有制改革的重要形式。另一方面，PPP模式在公共服务领域建立市场机制，混合所有制企业参与，有助于政府在解决财政支出紧张问题的同时保持对项目的控制力，促进我国新时代社会主义市场经济实现平稳较快发展。参见叶光亮、程龙、易丹：《PPP模式、混合所有制企业与社会福利》，载《社会科学战线》2018年第6期。

民生有关的重大基础建设而与投资方签订的一种工程投资建设运营合同。项目建设运营合同为国际上通用的一种基础建设投资合同形式。此种合同的特点在于政府将项目工程的经营权授予投资方，属于公物私营，因而又称为特许经营合同。可见，其将 PPP 合同直接等同于了特许经营合同。而且两份建议稿对于政府方的合同角色均定义为“许可人”，却回避了 PPP 合同的法律属性问题。

（1）既然认可了政府方的合同身份为“许可人”，就应当承认许可特许经营行为的权力来源是基于行政而非民事法律规范，继而行政主体与相对人（经营权人）具有法律地位上的不对等性。

（2）经营权人经营项目、获得合理回报的主要方式是向 PPP 项目的使用者收取费用实现的。项目经营权是项目建营人的特许权利，在约定的期间内应专由项目建营人行使，不得自行让与他人。而就公共服务、产品向公众收取费用的权力来源也是基于行政法律规范的。

2. 建议稿未能体现社会资本方在 PPP 模式中的投融资职能

如前文所述，虽然无论是机构或是专家，对 PPP 都还没有形成一个完全一致的表述，但是，从这些定义和解说中我们可以发现一些共同的特征：首先，公共部门与私营部门的合作。合作是前提，每个概念中都包含合作这个关键词。其次，把提供公共产品或服务，包括提供基础设施，作为合作的目标。再次，强调利益共享，就是说在合作过程中，私营部门与公共部门共赢。最后，风险共担。这些特征大体上概括了 PPP 概念的基本要素，在此基础上，我们认为，PPP 概念中包含有合作、提供公共产品或服务、利益共享、风险共担这样几个要点。

应当把 PPP 放在一种管理模式的高度来认识，其中包含其融资模式。PPP 项目中会涉及融资问题，但又不仅限于融资问题，政府和公共部门除了利用民营部门的资本以外，大多还利用了民营部门的生产与管理技术。融资更多的是考虑将自己的风险最小化。而 PPP 管理模式中，更多的是考虑双方风险而将整体风险最小化。事实证明，追求整个项目风险最小化的管理模式，要比公、私双方各自追求风险最小化更能化解风险。与风险控制相对应，融资者考虑的是自己收益最大化，而PPP管理模式又加入了社会综合效益最大化的导向。①

特许经营类PPP模式中，政府方授予社会资本方一定期限和范围的特许经营权，其合同对价即为社会资本方应该履行融资义务，自行投资建设公用设施、自主经营、自负盈亏，承担项目建造、运营的商业风险。合同条文设计中，如果忽视了社会资本方的投资义务，就在一定程度上背离了PPP模式的目的和意义。

3. 过分强调了资产的权属问题

两份建议稿均规定一定期限届满或条件成熟时，运营人应将工程或项目交付许可人并转移其所有权于许可人。这一条文设计限制了PPP模式的灵活性，按照PPP项目操作方式，运营人进行项目建设和运营，不必以取得资产所有权为必要。而且，如果运营人不需要以资产作为抵押物进行融资，往往不需要将所有权登记于运营人名下。所以PPP资产移交的方式包括所有权移交和资产移交两种方式。而且一些存量项目的PPP模式中，运营人可能是以租赁的方式取得资产进行运营的，当然也无从转移所有权。

对于我国来说，PPP是一个输入性合作模式。PPP的引用者当然可以自主地进行延伸性创新，对PPP原型进行要素组合和结构性改造。但是，保持对初始模式核心因素的尊重是必要的。如果出于自身特殊需要对核心要素进行编造或者拼凑，那就有可能背离PPP的制度初衷和实施方向。

二、“政府和社会资本合作（PPP）合同”建议条文

第一条（政府和社会资本合作合同的定义）

政府和社会资本合作合同是指在基础设施和公共服务领域，政府

① 贾康、孙杰：《公私伙伴关系（PPP）的概念、起源、特征与功能》，载《财政研究》2009年第10期。

方和社会资本方通过竞争性方式订立的，由社会资本方对约定项目进行投资、建设和运营，并在合作期限届满时将已完成项目权益交付给政府方的协议。

【理由】本条是基于中国法框架下，对于适用于我国国情的 PPP 合同所下的定义。从结构上看，包含如下法律要素。

第一，明确了我国推行 PPP 模式的行业及领域。对于政府负有提供责任、需求长期稳定且适宜由社会资本方承担的基础设施和公共服务项目，可以采用政府和社会资本合作模式。其中，公共服务项目主要包括能源、交通运输、市政工程、农业、林业、水利、环境保护、保障性安居工程、医疗卫生、养老、教育、科技、文化、体育、旅游等领域；基础设施项目主要包括能源、交通运输、水利、环境保护、农业、林业以及重大市政工程等项目。

第二，明确了 PPP 合同当事人。PPP 的合作关系非常复杂，合同当事双方为政府方和社会资本方，其中政府方既是合同当事人，又是社会公共利益的代表者，也是规制者。在 PPP 模式之下，公共治理的主体不再局限于政府等公共部门这样的一元主体，而是扩展到包括公共部门、私人部门、广大公众等在内的多元公私混合主体；不仅包括公共部门、私人部门、公法上的消费者等原生型主体，而且涵盖公权力受托人、特许经营者、公共服务承接主体、社会合作管制主体以及公私合作公司等次生型主体。①

第三，明确了 PPP 合同的订立方式。依我国现行 PPP 项目采购规范性文件要求，PPP 项目采购应适用政府采购程序，通过竞争性方式与中选的社会资本方订立 PPP 合同。政府采购跟 PPP 是有密切关系的，PPP 创造了比传统概念化的政府采购更高的效益。传统政府采购

---

① 邹焕聪：《公私合作主体的兴起与行政组织法的新发展》，载《政治与法律》2017 年第 11 期。

购买的多是制成品，现在通过 PPP 购买的则是公共产品的提供过程。所以我们说 PPP 是对传统政府采购的一个替代，这种替代一定能创造更高的效益。

PPP 项目虽然不属于传统意义上的政府采购，特许经营类 PPP 合同与一般公共采购合同之间的本质区别在于私人部门在合同履行阶段承担了运营风险，但是可将其归入广义政府采购的范畴。将 PPP 项目纳入政府采购管理必然能使 PPP 项目实现有法可依，大幅提升其规范性。现有政策文件体系对于 PPP 模式形成的矩阵型约束致力于使其发展得更加规范，但因 PPP 项目并没有清晰、明确的定位而难免出现交叉、多头管理现象，且缺乏法律层面的硬约束，不利于 PPP 项目这样契约型合作的运行和进一步发展。将 PPP 项目纳入政府采购管理之后，其运行管理势必需要遵循政府采购相关法律法规和政策规章等约束，相关矩阵型政策规章也将以政府采购法等法律层面的硬约束为基础全部理顺，将 PPP 项目推向更加规范的运行层面。

此外，为保障社会资本与政府合作过程中政府资金的稳定性，就必须着重考虑将 PPP 资金纳入预算，并与此同时实现对此部分资金的风险监督和绩效监管。而将 PPP 资金纳入预算管理这一目标，将随着 PPP 项目纳入政府采购管理行为实现。在我国，政府采购使用的是财政预算内资金，PPP 项目纳入政府采购管理之后，势必可使部分具有运行缺口的项目补贴资金从预算层面得到制度性保障。在有力防范风险，保障资金稳定性的同时，将 PPP 项目纳入政府采购的管理行为还将从实际上减轻政府支出的压力。①

第四，明确了 PPP 模式的典型操作过程。PPP 模式的操作要素包括设计、建造、运营、拥有、移交、融资、修复和维护等。PPP 是多种模式组成的组群与带谱。世界各国采用的模式各不相同，选择何种

---

① 孙洁、苏京春：《将 PPP 项目纳入政府采购管理的重要意义》，载《中国财政》2016 年第 3 期。

模式取决于各国 PPP 政策执行的目标。而其中建设—运营—移交（BOT）模式是较早应用于我国 PPP 实践的操作模式，在现阶段我国 PPP 应用以新建项目为主和以社会资本方投资运营为主的客观条件下，BOT 仍是我国 PPP 的主要操作模式。

第五，明确了双方的合作“伙伴”关系。所有成功实施的 PPP 项目都是建立在伙伴关系之上的。伙伴关系是一种获取资源并传送公共服务的工具。这种工具既克服了极端民营化制度下的利益冲突弊端，也矫正了公共部门垄断供给而导致的惰性与无效率。伙伴关系是 PPP 中最为首要的问题，没有伙伴关系就没有 PPP。政府购买货物或服务，给予授权、征收税费和支付价款，这些事务的处理并不必然表明合作伙伴关系的真实存在和延续。PPP 中社会资本方与政府公共部门的伙伴关系与其他关系相比，一个显著的独特之处就是项目目标一致。公共部门之所以和社会资本方合作并形成伙伴关系，核心问题是在其中存在一个共同的目标：在某个基础设施或公共服务项目上，以最少的资源，实现最多的产品或服务。社会资本方是以此目标实现自身利益的追求，而公共部门则是以此目标实现公共福利和整体利益的追求。① PPP 的其他特征，包括利益共享和风险分担，都是为这一共同项目目标服务的。

第二条（政府和社会资本合作合同的要式性）

政府和社会资本合作合同应当采取书面形式。

【理由】以就合同的成立或当事人是否要求一定的形式为标准，合同可以分为要式合同与不要式合同。本条要求 PPP 合同应当采取书面形式，一方面固有举证难易的问题，PPP 项目合作期动辄十几年甚至几十年，期间往往经历政府方换届、社会资本方联合体部分成员依

① 贾康、孙洁：《公私合作伙伴机制：新型城镇化投融资的模式创新》，载《中共中央党校学报》2014 年第 1 期。

约定退出等主体变动的情形。[①] 采用书面形式，有助于各方明晰权利义务，为项目再融资、再谈判等活动提供书面证据及遵循。另一方面，主要还是因为PPP合同牵涉利益主体众多，交易金额巨大的考量，为宣示警告之意，要求各方审慎为之，知晓合同的意义和利害关系，避免仓促、轻率地签订合同。

同时，为实现项目管理的专业化以及有效隔离项目风险，PPP项目合作各方往往还需设立专门的项目公司。因此，PPP合同的订立过程在实务中分为两种情形：一种是由政府方授权实施机构直接与中选的社会资本方订立PPP合同，待项目公司成立后，由项目公司“继受”该合同权利义务；另一种是由政府方和中选社会资本先行签订框架协议性质文件，确认其中选资格。然后由实施机构与项目公司订立正式的PPP合同。

第三条（政府和社会资本合作合同的生效）

政府和社会资本合作合同需要依照法律或者行政法规的规定办理批准手续后，方可生效。

【理由】合同一经成立，原则上即应同时生效。但是对于这一原则可以存在若干例外，暂称“对合同效力的特别限制”，如《合同法》第44条第2款规定：“法律、行政法规规定应当办理批准、登记等手续生效的，依照其规定。”此为对合同效力的特别法定限制。[②] 经过批准、登记等手续生效的合同，在性质上属于“效力待定合同”。审批行为的类别属于行政许可。

《政府和社会资本合作项目政府采购管理办法》要求“项目采购文件中还应当明确项目合同必须报请本级人民政府审核同意，在获得

① PPP项目是一个全生命周期的项目，项目涉及的利益相关主体包括项目的投资方、设计方、建设方、运营方等单位，各方的有效合作才能够保障项目顺利进行，因而联合体中标是企业参与PPP项目的基本形式。参见李艳飞、娄黎星、杨蕙榕：《中国PPP联合体中标现状及社会资本内部合作关系》，载《城市发展研究》2018年第6期。

② 韩世远：《合同法总论》，法律出版社2018年版，第196页。

同意前项目合同不得生效”。值得注意的是，该办法仅为财政部规范性文件，而非《合同法》规定的“法律或行政法规”。因此，考虑到PPP项目的采购和订约过程往往是由实施机构具体执行的，但是合同内容却对政府方及其职能部门的权利义务进行了约定，因此确有必要经本级人民政府批准后方可生效。需要在PPP合同有名化条文中，提升其法律位阶，固定其法律效果。

第四条（社会资本方的权利）

社会资本方有权运营合作项目并收取相应的费用和报酬。

【理由】公与私的冲突是PPP模式中的天然矛盾。以政府为代表的公共利益与以社会资本方为代表的资本利益在PPP模式中交织在一起。这两种完全不同的利益诉求形成了两种性质背驰的价值目标。即公共利益最优化和资本利益最大化。

PPP项目并不适合有风险投资、创业投资偏好的民间资金类型，但适合一些偏好于取得长期、虽不太高但预期性高的稳定回报的企业。这一特征决定了，首先，PPP项目自身需要具备运营基础，项目的合作条件应该能够使社会资本方对于通过运营或补贴覆盖项目的投资，并可以期待合理的回报。否则，基于市场理性和企业的逐利特征，社会资本方将没有投资PPP项目的主观愿望。其次，应坚持“盈利而不暴利”的原则，通过合同安排确保社会资本方不会因为参与PPP项目而获得明显高于同类行业的超额利润。否则，要么是PPP采购环节竞争不够充分，要么是政府方实施方案模型设计不尽合理。但其结果都是导致政府多承担了付费义务或者使用者支出了过高的费用，致使公众利益受损。

唯有社会资本方能够对公用事业或服务的经营形成稳定的盈利预期，并同时具备了提供符合产业标准的产品的能力，以社会资本方作为产业主体的商业化的公用事业运营期约，就具备了可行性。[①] 在PPP模式下，政府支付责任是满足绩效目标考核后的未来有条件的财政支出行为，是经过财政承受能力论证后的政府支付责任，同时也通过物有所值评价来确保项目实施的效率。应重点关注实施PPP项目的物有所值和财政承受能力论证，纠正财政承受能力论证走过场，物有所值评价方法不科学等问题，以确保政府支出责任安全可控。此外，还应关注政府是否将对项目公司的支付义务在当期预算中予以安排，并按照政府收支分类科目列入支出预算，且限定在一般公共预算支出的10%以内。[②] 政府方需要做好三个方面的工作：前期合理设计收益模型，充分进行市场测试；通过合同条款设计，为超额利益分配预留出口；对于合同约定的社会资本方合理收益，应当重约履约、及时足额支付。

第五条（运营权转让的限制）

未经政府方同意，社会资本方不得转让运营权。

【理由】PPP固然是政府方与社会资本方合作提供基础设施或公共服务，社会资本方利用其在资金、建设、运营维护等方面的优势，保障公众能够享受到高质量的公用事业和公共产品。但是，能够真正区分各类社会资本合作实力，真正体现PPP合作目标特征的，恰恰是社会资本方的项目运营能力。因为公众获取公共服务的体验，是通过社会资本方的运营过程实现的。

在采购PPP合作社会资本方过程中，由于项目资金大部分都是通过外部融资获得的，而工程质量通过对于企业资质和施工过程的有效管理亦可得到有效保障。因此，融资能力和建设能力并非当下遴选社会资本的最为核心要素，恰恰是运营能力之高低，对于项目可运营方

① 曹远征、付晓建：《PPP：政府和社会资本合作的制度经济学分析》，对外经济贸易大学出版社2016年版，第58页。

② 赵永成、陈航：《人大对PPP项目的监督模式研究》，载《经济研究参考》2017年第50期。

案挖掘之深浅，体现出社会资本之间的差异化，是社会资本方能否按照项目实施方案实现预期合理收益，甚至超额收益的关键。

因此，政府方基于对中选社会资本方运营能力的认可，通过 PPP 合同授予其运营项目的权利，有些情境下，此类运营权还是特许的，具有鲜明的独占性和排他性。高效的运营项目是社会资本方在 PPP 合同中的主要合同义务，强烈依附于社会资本方的专业能力，属于依其性质不许转移的债务。故应明确未经政府方同意，社会资本方不得转让其运营权。

第六条（政府方的监督权）

政府方在不妨碍项目正常建设运营的情况下，有权对投资项目建设和运营进行监督、检查和审计。

【理由】基于社会公众对公共物品的需求，PPP 的存在有其必要性。同时，PPP 虽然要引入社会资本，但其核心目标仍是向社会公众提供公共服务，因而具有突出的公共性，涉及与此相关的公共利益保障和公共权力行使等问题。PPP 合同签订后，明确的监督机制为参与各方增加了可预见性和透明度。[①] PPP 模式的引入和推广应用，要求政府处理好与市场主体之间的关系，由传统的公共服务提供模式中的直接“经营者”，转变为“监管者”和“合作者”。在不妨碍项目正常建设运营的情况下，政府方有权对投资项目建设和运营进行监督、介入和审计。

由于 PPP 项目通常是涉及公共利益的特殊项目，从履行公共管理职能的角度出发，政府需要对项目执行的情况和质量进行必要的监控，甚至在特定情形下，政府有可能临时接管项目。PPP 项目合同中关于政府方的监督和介入机制，通常包括政府方在项目实施过程中的监督权以及政府方在特定情形下对项目的介入权两部分内容。

---

① ［英］爱德华·法夸尔森等：《新兴市场公私合作模式》，唐李雅宁译，中国电力出版社 2015 年版，第 21 页。

一、政府方的监督权

在项目从采购、投资、建设到运营的各个实施阶段，为了能够更好地了解项目进展、确保项目能够按照合同约定履行，政府方通常会在 PPP 项目合同中规定各种方式的监督权利。不同项目、不同阶段下的政府监督权的内容均有可能不同，常见的政府方监督权包括：

1. 各级人民政府财政部门应当加强对 PPP 项目采购活动的监督检查，及时处理采购活动中的违法违规行为。

2. 政府方及政府相关部门应根据 PPP 项目合同及有关规定，对项目公司或社会资本方履行 PPP 项目建设责任进行监督，政府方有权进入项目现场进行检查和测试。

3. 项目实施机构和财政部门应监督社会资本按照采购文件和项目合同约定，按时足额出资设立项目公司。

4. 财政部门和项目实施机构应做好监督管理工作，防止企业债务向政府转移。

5. 项目实施机构应根据项目合同约定，监督社会资本或项目公司履行合同义务，定期监测项目产出绩效指标，编制季报和年报，并报财政部门（政府和社会资本合作中心）备案。

6. 社会公众及项目利益相关方发现项目存在违法、违约情形或公共产品和服务不达标准的，可向政府职能部门提请监督检查。

二、政府方的介入权

除了上述的一般监督权，在一些 PPP 项目合同中，会赋予政府方在特定情形下，如紧急情况发生或者项目公司违约，直接介入项目实施的权利。政府方的介入权通常适用于发生短期严重的问题且该问题需要被快速解决，而政府方在解决该问题上更有优势和便利的情形，通常包括项目公司未违约情形下的介入和项目公司违约情形下的介入两类。

1. 项目公司未违约情形下的介入。

为了保证项目公司履行合同不会受到不必要的干预，只有在特定的情形下，政府方才拥有介入的权利。常见的情形包括：

（1）存在危及人身健康或安全、财产安全或环境安全的风险；

（2）介入项目以解除或行使政府的法定责任；

（3）发生紧急情况，且政府有理由认为该紧急情况将会导致人员伤亡、严重财产损失或造成环境污染，并且会影响项目的正常实施。

如果发生上述情形，政府方可以选择介入该项目的实施，但政府方在介入项目之前必须按 PPP 项目合同中约定的通知程序提前通知项目公司，并且应当遵守合同中关于行使介入权的要求。

2. 项目公司违约情形下的介入。

如果政府方在行使监督权时发现项目公司违约，政府方认为有可能需要介入的，通常应在介入前按照 PPP 项目合同的约定书面通知项目公司并给予其一定期限的自行补救；如果项目公司在约定的期限内仍无法补救，政府方才有权行使其介入权。

三、政府方的审计权

我国《审计法》及其实施条例赋予了审计机关对于政府投资和以政府投资为主的建设项目的预算执行情况和决算进行审计监督的权力。但是，PPP 项目相较于传统的基本建设项目，其投资主体、融资方式、资金渠道和操作模式均呈现多样化和多元化，这种变化给审计工作带来了许多新的挑战。[①] 一方面，体现在审计机关及审计人员对于我国投融资领域内引入 PPP 模式给投资审计工作带来的深远影响认识不足、重视不够；另一方面，由于 PPP 模式强调对于社会资本方资金的使用，导致现行《审计法》中相关规定不适应投资审计工作面临的新环境。[②] 这里

① 许亚、张弛、夏胜权、陈丙欣：《公共投资审计视角下的 PPP 模式研究》，载《财政研究》2017 年第 6 期。

② 我国《审计法》第 22 条规定："审计机关对政府投资和以政府投资为主的建设项目的预算执行情况和决算，进行审计监督。"《审计法实施条例》第 20 条第 1 款规定："审计法第 22 条所称政府投资和以政府投资为主的建设项目，包括：（一）全部使用预算内投资资金、专项建设基金、政府举借债务筹措的资金等财政资金的；（二）未全部使用财政资金，财政资金占项目总投资的比例超过 50%，或者占项目总投资的比例在 50% 以下，但政府拥有项目建设、运营实际控制权的。"可见，我国《审计法》规定的审计对象应为全部由政府投资或以政府投资为主的建设项目。

既包含对于 PPP 项目投资属性的问题，还包括非新建项目是否应纳入审计的问题。各级审计机关对于 PPP 项目的审计要点包括：

1. 政策绩效、资金绩效审计

在 PPP 项目审计过程中，首先要评估政策绩效情况，即通过 PPP 模式是否实现了国家推行 PPP 模式的政策目标；其次要关注财政奖补资金绩效情况，关注是否通过实施以奖代补，引导社会资本投向基础设施和公共服务领域，促进示范项目规范运作，鼓励地方融资平台公司加大存量项目转型力度。

2. 合同管理审计

PPP 模式作为一种契约模式，合同管理是重中之重，是 PPP 项目管理的灵魂，是政府与社会资本公平分配风险、分担责任，实现共同利益的保证。PPP 项目合同审计监督要点包括审计合同主体、客体及订立程序合法性，对合同订立与合同履行情况进行审计监督，要对 PPP 合同中提供公共产品和服务的定价依据、决策过程进行重点关注，提高项目管理的质量和效率。①

3. 政府债务风险、信用风险审计

在审计过程中，一是要关注地方政府以 PPP 名义变相举债，增加政府债务风险，影响国家经济安全；二是要关注国有企业参与 PPP 项目建设带来的政府间接债务增加；三是要关注地方政府以设立各种 PPP 基金的名义投入 PPP 项目，变相增加政府债务规模；四是要关注“物有所值评价”和“财政承受能力论证”的真实性和科学性，造成潜在财政风险。

此外，还要关注政府违约和信用风险。要重点审计政府违约和信用风险，包括个别地方政府许诺的优惠条件或资金难以兑现，或者因政府换届等原因任意毁约违约等失信行为。

① 何雪锋、吴小亚：《如何开展 PPP 项目合同管理审计》，载《财会信报》2017 年第 28 期。

第七条（风险负担）

项目的投资建设、运营风险由社会资本方承担，法律、政策调整风险由政府方承担，不可抗力风险由双方共同承担。当事人另有约定或者另有交易习惯的除外。

【理由】PPP模式的本质是政府方与社会资本方之间通过契约关系实现双方的优势来共同承担项目风险并分享收益，以达成社会总体目标和私营个体利益间的最优均衡。依据风险收益均衡原则，利益分配应当与风险承担相匹配。进行利益分配的时候，除了以各方投入成本为依据，还应当综合考虑所投要素对项目的重要程度以及要素的稀缺性，对提供要素稀缺程度高的一方给予更高的回报。①

从政府方的角度来看，在将PPP项目的部分风险转移给社会资本方的时候，只有当社会资本方能够更好地管理和定价这些风险时，这种转移才是真正符合成本效益的。一味追求将不合适的风险形式转移给社会资本方，只不过是增加了PPP协议的不必要的成本，并且会损害整个交易的资金价值。最优的风险分配应当追求的是，通过将特定风险分配给处于最有利位置的控制方，从而实现项目成本和风险的最小化。在风险分配过程中，应当遵循三条主要原则：风险分担与控制力相对称；风险分担与收益相对称；风险分担与投资者的参与程度相协调。②

依据上述原则，典型PPP项目中，项目的投资、设计、建设、运营等商业性质风险由社会资本方承担；而法律法规变化、政策调整风险由政府方承担；不可抗力风险由双方共同承担。

第八条（对同类合同的准用）

建设、拥有、运营、移交合同，建设、拥有、运营合同以及其他

① 郭威、王丹：《基于PPP模式的公共服务完善：作用、障碍与路径》，载《华东师范大学学报》（哲学社会科学版）2018年第6期。

② 严晓健：《公私合作伙伴关系（PPP）的应用及审计重点探讨》，载《审计研究》2014年第5期。

同类合同，准用本章规定。

【理由】PPP 强调的是一种公私合作关系。因此，PPP 的模式不是单一模式，而是一个模式集群，是一个系列的操作要素进行不同的组合形成的若干 PPP 模式。依据世界银行对 PPP 合同形式的划分，PPP 模式主要包括 12 类。从全球来看，目前流行的 PPP 模式有 20 种以上，不同的国家、行业、领域会有不同的 PPP 模式偏好。① PPP 合同条文设计，结合我国推广应用 PPP 模式的项目实践，以建设—运营—移交（BOT）模式作为 PPP 的典型操作模式，采用列举的方式明确若干主要 PPP 模式亦同样适用本章规定。

从操作模式来看，对于具有明确的收费基础，并且经营收费能够完全覆盖投资成本的项目，可通过政府授予特许经营权，采用建设—运营—移交（BOT）、建设—拥有—运营—移交（BOOT）等模式推进；对于经营收费不足以覆盖投资成本，需政府补贴部分资金或资源的项目，可通过政府授予特许经营权附加部分补贴或直接投资参股等措施，采用建设—运营—移交（BOT）、建设—拥有—运营（BOO）等模式推进；对于缺乏“使用者付费”基础，主要依靠“政府付费”回收投资成本的项目，可通过政府购买服务，采用建设—拥有—运营（BOO）、委托运营等市场化模式推进。

第九条（法律适用）

本章涉及国有资产转让的，依企业国有资产相关法律规定处理；涉及特许经营权授予的，依行政许可相关法律规定处理。

本章没有规定的，参照适用建设工程合同以及买卖合同的有关规定。

【理由】这一条是关于 PPP 合同的法律适用和准用问题。适用作

① 王天义、刘世坚、罗桂连、郗彩霞：《PPP：从理论到实践》，中信出版社 2018 年版，第 15 页。

为最基本的法律术语，是指法律就某一事项的明文规定可以全部应用于该事项的活动。而准用，“乃立法时避免法条文字之繁复，特将某种事项，明定比照其类似事项已有之规定，而处理者是也”。[①] 在法律准用中被准用的法条仅在性质许可的范围内适用被准用的法律规范，而不是完全适用。“在法律准用中必须注意两个案型之间的性质差异，以判断是否需要对拟准用的规范进行必要的限制和修正”。[②] 也就是说，“适用”一词表明可以将该法律规范完全应用于拟规范的案型，而“准用”一词则表明可能对拟准用的法律规范进行必要的限制或修正。准用制度与被准用的本体制度之间具有外观、形式、结构等诸方面的相似性。本体制度决定了准用制度的适用范围，准用具有严格的限定性。

1. 关于 PPP 合同的法律适用。

PPP 包含着政府方和社会资本方合作提供基础设施和公共服务的各种操作模式，模式选择又因各国实际情况、风险偏好和法律传统而有所不同。尤其对于我国，存量资产采用 PPP 模式一直以来为政府方所鼓励倡导，此类 PPP 项目中往往涉及存量项目直接移交或改建后移交给社会资本方进行运营维护，并在合作期满后再行移交给政府方，典型即为移交—运营—移交（TOT）模式。这种情形下，往往涉及将国有资产向社会资本方进行转让的法律程序，应遵循国有资产管理相关法律为之。

对于采用使用者付费或者行政性缺口补贴的 PPP 项目，政府方应当授予中选社会资本方具有独占和排他性质的特许经营权。特许经营属《行政许可法》第 12 条所涉“有限自然资源开发利用、公共资源配置以及直接关系公共利益的特定行业的市场准入等，需要赋予特定

① 郑玉波：《法谚（一）》，法律出版社 2007 年版，第 237 页。

② 黄茂荣：《法学方法与现代民法》，中国政法大学出版社 2001 年版，第 306～310 页。

权利的事项”，行政机关应当通过招标、拍卖等公平竞争的方式作出决定，并依法向中标人、买受人颁发行政许可证件。

2. 关于PPP合同的法律上准用。

民事准用制度既可以实现契约自由和私法自治，又能维护法律的权威和稳定，对民法理论研究和民事司法实践都有重大的价值。[①] 本条涉及两项准用原则，即对建设工程合同的准用和买卖合同的准用。

在我国目前公共服务总体供需不平衡，基础设施补短板投资力度持续增强的背景下，[②] PPP项目在较长时间内仍以包含新建或者改扩建内容的模式为主。基于PPP合同的法律保障应该包括主合同下的各级子合同问题，类似于传统的工程项目合同体系。该阶段涉及的主要法律关系是建设工程合同，即勘察、设计、施工环节的发包与承包、咨询与监理等工作。对于这一阶段各方权利义务安排，可以参照适用建设工程合同的相关规定。

同时，PPP合同作为有偿合同，是政府方以让渡部分公共资源经营权换取社会资本方投资和运营服务的交易过程。对于PPP合同专章没有规定的内容，可以参照适用买卖合同的相关规定。参照适用买卖合同的规定必须符合法定的条件。我国《合同法》第174条的适用范围只限于两种情形：一是对某类有偿合同未作规定，这是指有偿合同属于无名合同的情形，此时自然应参照买卖合同的规定；二是虽对有偿合同作了规定，但对某些事项未作具体规定，对法律没有规定的这些内容，应参照买卖合同的有关规定。此外，应当指出的是《合同法》第174条规定的是“参照”而非“依照”买卖合同的有关规定。

---

① 刘甡：《民事准用制度探析》，载《苏州大学学报》（哲学社会科学版）2016年第4期。

② 国务院办公厅于2018年10月11日印发《关于保持基础设施领域补短板力度的指导意见》，明确提出要聚焦关键领域和薄弱环节，保持基础设施领域补短板力度，进一步完善基础设施和公共服务，提升基础设施供给质量，更好地发挥有效投资对优化供给结构的关键性作用，保持经济平稳健康发展。

法律之所以这样规定，主要有两方面的原因：首先从立法角度来看，《合同法》的大部分法律规范是任意性规范，而不是强制性规范。民事主体无须完全依照其规定，而且合同的本质是当事人意思自治；其次买卖合同虽然是有偿合同的典型代表，但并不能完全代替其他有偿合同，其他有偿合同仍有其各自特点，在适用的过程中需要必要的修正和限制。

参考文献

一、民法著作

1. ［法］孟德斯鸠：《论法的精神》（全二卷），许明龙译，商务印书馆 2012 年版。

2. 陈华彬：《民法物权论》，中国法制出版社 2010 年版。

3. 孙宪忠：《中国物权法总论》，法律出版社 2014 年版。

4. 费安玲：《罗马法、中国法与民法法典化》，中国政法大学出版社 2011 年版。

5. 江平：《罗马法、中国法与民法法典化（文选）：罗马法与物权法、侵权行为法及商法之研究》，中国政法大学出版社 2008 年版。

6. 杨振山：《罗马法、中国法与民法法典化：物权和债权之研究》，中国政法大学出版社 2001 年版。

7. 梁慧星：《中国民法典草案建议稿》，法律出版社 2013 年版。

8. 杨立新：《民法总则重大疑难问题研究》，中国法制出版社 2010 年版。

9. 王泽鉴：《民法学说与判例研究》，中国政法大学出版社 1998 年版。

10. 《法国民法典》，罗结珍译，中国法制出版社 1999 年版。

11. 《日本民法典》，刘士国、牟宪魁、杨瑞贺译，中国法制出版社 2018 年版。

12.《德国民法典》，陈卫佐译，法律出版社 2015 年版。

13.《智利共和国法典》，徐涤宇译，北京大学出版社 2014 年版。

14.《奥地利普通民法典》，周军友、杨垠红译，清华大学出版社 2013 年版。

15. 王利明：《中国民法典草案建议稿及说明》，中国法制出版社 2004 年版。

16. 崔建远：《合同法》，法律出版社 2010 年版。

17. 韩世远：《合同法总论》（第 4 版），法律出版社 2018 年版。

18. 陈聪富：《契约自由与诚信原则》，台北，元照出版有限公司 2015 年版。

19. 黄茂荣：《法学方法与现代民法》，中国政法大学出版社 2001 年版。

20. 于立深：《契约方法论——以公法哲学为背景的思考》，北京大学出版社 2007 年版。

21. 王泽鉴：《债法原理》（第一册），中国政法大学出版社 2001 年版。

22. 马新彦：《现代私法上的信赖法则》，社会科学文献出版社 2010 年版。

23. 耿林：《强制规范与合同效力——以合同法第 52 条第 5 项为中心》，中国民主法制出版社 2009 年版。

24. 欧洲民法典研究组、欧洲现行私法研究组：《欧洲示范民法典草案：欧洲私法的原则、定义和示范规则》，高圣平译，中国人民大学出版社 2011 年版。

25. ［美］E. 艾伦·范斯沃思：《美国合同法》，丁春艳译，中国政法大学出版社 2006 年版。

26. ［德］拉伦茨：《法学方法论》，陈爱娥译，商务印书馆 2003 年版。

27. 徐国栋：《绿色民法典草案》，社会科学文献出版社 2004 年版。

28. 陈小君：《民法典结构设计比较研究》，法律出版社 2010 年版。

29. ［德］梅迪库斯：《请求权基础》，陈卫佐译，法律出版社 2010 年版。

30. 徐国栋：《民法典与民法哲学》，中国人民大学出版社 2007 年版。

31. 陈自强：《契约之成立与生效》，台北，元照出版有限公司 2014 年版。

32. ［德］齐默曼：《德国新债法：历史与比较的视角》，韩光明译，法律出版社 2012 年版。

33. ［日］我妻荣：《我妻荣民法讲义》，于敏等译，中国法制出版社 2008 年版。

34. ［美］波斯纳：《法律的经济分析》（第 7 版），蒋兆康译，法律出版社 2012 年版。

35. ［德］巴尔、［英］克莱夫主编：《欧洲私法的原则、定义与示范规则：欧洲示范民法典草案：全译本·第四卷》，于庆生等译，法律出版社 2014 年版。

36. 王利明：《我国民法典重大疑难问题之研究》，法律出版社 2016 年版。

37. 李永军：《中国民法典总则编草案建议稿及理由》，中国政法大学出版社 2016 年版。

38. 王轶：《民法原理与民法学方法》，法律出版社 2009 年版。

39. 梁慧星：《民法解释学》，法律出版社 2015 年版。

二、行政法著作

1. 李霞：《行政合同研究：以公私合作为背景》，社会科学文献出版社 2015 年版。

2. 余凌云：《行政契约论》，中国人民大学出版社 2000 年版。

3. ［法］狄骥：《公法的变迁》，郑戈译，中国法制出版社 2010 年版。

4. 王万华：《中国行政程序法典试拟稿及立法理由》，中国法制出版社 2010 年版。

5. 蔺耀昌：《行政契约效力研究》，法律出版社 2010 年版。

6. 施建辉：《行政契约缔结论》，法律出版社 2011 年版。

7. 步兵：《行政契约履行研究》，法律出版社 2011 年版。

8. ［英］戴维斯：《社会责任：合同治理的公法探析》，杨明译，中国人民大学出版社 2015 年版。

9. 何勤华：《公法与私法的互动》，法律出版社 2012 年版。

10. ［德］迈耶：《德国行政法》，刘飞译，商务印书馆 2013 年版。

11. ［英］L. 赖维乐 · 布朗、约翰 · S. 贝尔：《法国行政法》，高秦伟、王锴译，中国人民大学出版社 2006 年版。

12. ［荷］西尔登、弗里茨 · 斯特罗因克：《欧美比较行政法》，伏创宇等译，中国人民大学出版社 2013 年版。

13. 我国台湾地区“行政法学会”：《行政契约之基础理论、法理变革及实务趋势/行政程序法之最新发展》，台北，元照出版有限公司 2013 年版。

14. 我国台湾地区“行政法学会”：《行政契约之法理　各国行政法学发展方向》，台北，元照出版有限公司 2009 年版。

15. ［日］室井力、芝池义一、浜川清：《日本行政程序法逐条注解》，朱芒译，上海三联书店 2014 年版。

16. 王名扬：《美国行政法》，中国法制出版社 2005 年版。

17. ［美］J. 格里高利 · 西达克、丹尼尔 · F. 史普博：《美国公用事业的竞争转型：放松管制与管制契约》，宋华琳、李鸻译，上海人民出版社 2012 年版。

18. 刘承韪：《英美契约法的变迁与发展》，北京大学出版社 2014 年版。

19. ［法］奥里乌：《法源：权力、秩序和自由》，鲁仁译，商务印书馆 2015 年版。

20. 关保英：《行政法的私权文化与潜能》，山东人民出版社 2003 年版。

21. 姚艳霞：《政府采购国际法律制度比较研究》，山东人民出版社 2006 年版。

22. ［美］圭多·卡拉布雷西：《理想、信念、态度与法律：从私法视角看待一个公法问题》，胡小倩译，北京大学出版社 2012 年版。

23. 吴东镐、徐炳煊：《日本行政法》，中国政法大学出版社 2011 年版。

24. ［美］朱迪·弗里曼：《合法治理与新行政法》，毕洪海、陈标冲译，商务印书馆 2010 年版。

25. ［法］让·里韦罗、让·瓦利纳：《法国行政法》，鲁仁译，商务印书馆 2008 年版。

26. ［英］尼奥克里尔斯：《管理市民社会——国家权力理论探讨》，陈小文译，商务印书馆 2008 年版。

27. ［英］柯林斯：《规制合同》，郭小莉译，中国人民大学出版社 2014 年版。

28. ［英］费恩塔克：《规制中的公共利益》，戴昕译，中国人民大学出版社 2014 年版。

29. ［美］马克·艾伦·艾斯纳：《规制政治的转轨》，尹灿译，中国人民大学出版社 2014 年版。

30. 王敬波：《欧盟行政法研究》，法律出版社 2013 年版。

31. 陈新民：《德国公法学基础理论》，法律出版社 2010 年版。

32. 王名扬：《王名扬全集：法国行政法》，北京大学出版社 2016

年版。

33. 王名扬：《王名扬全集：英国行政法、比较行政法》，北京大学出版社 2016 年版。

三、政府和社会资本合作（PPP）著作

1. 顾功耘：《公私合作（PPP）的法律调整与制度保障》，北京大学出版社 2016 年版。

2. 丁保河：《中国 PPP 立法研究》，法律出版社 2016 年版。

3. 贾康、孙杰：《公私合作伙伴关系理论与实践》（修订版），经济科学出版社 2015 年版。

4. 曹远征、付晓建：《PPP：政府和社会资本合作的制度经济学分析》，对外经济贸易大学出版社 2016 年版。

5. 罗学富、周勤：《PPP 项目财务评价实战指南》，中信出版社 2016 年版。

6. 赵颖：《我国城市公交服务的制度选择：公私合作制度研究》，中国社会科学出版社 2014 年版。

7. 刘尚希、王朝才：《以共治理念推进 PPP 立法》，中国财政经济出版社 2016 年版。

8. 付坚强：《土地空间权制度研究》，东南大学出版社 2014 年版。

9. ［美］E. S. 萨瓦斯：《民营化与公私部门的伙伴关系》，周志忍译，中国人民大学出版社 2002 年版。

10. ［美］E. S. 萨瓦斯：《民营化与 PPP 模式：推动政府和社会资本合作》，周志忍等译，中国人民大学出版社 2015 年版。

11. 罗雨泽：《“一带一路”基础设施投融资机制研究》，中国发展出版社 2015 年版。

12. 李洁、成虎：《BOT/PPP 公路项目风险和可变合同条件研究》，东南大学出版社 2015 年版。

13. 济邦投资咨询有限公司：《基础设施 PPP 与操作实务》，化学

工业出版社 2016 年版。

14. 林华、罗桂连、张志军：《PPP 与资产证券化》，中信出版社 2016 年版。

15. 张水波、王秀芹：《PPP 模式应用指南》，中国建筑工业出版社 2016 年版。

16. ［英］爱德华·法夸尔森等：《新兴市场公私合作模式》，唐李雅宁译，中国电力出版社 2015 年版。

17. 财务部政府和社会资本合作中心：《PPP 物有所值研究》，中国商务出版社 2014 年版。

18. 盛和太、王守清：《特许经营项目融资（PPP/BOT）：资本结构选择》，清华大学出版社 2015 年版。

19. 王守清、柯永建：《特许经营项目融资（BOT、PFI 和 PPP）》，清华大学出版社 2008 年版。

20. 王守清、柯永建：《特许经营项目融资（PPP）：风险分担管理》，清华大学出版社 2011 年版。

21. 王文杰：《公有企业民营化》，清华大学出版社 2005 年版。

22. 吴志光、陈英铃、林明锵：《公司协力相关法制规定》，台北，元照出版有限公司 2016 年版。

23. 傅宏宇、张秀：《政府和社会资本合作（PPP）法律问题国别研究》，中国法制出版社 2016 年版。

24. ［英］彼得·希伯德、保尔·纽曼：《工程争端替代解决方法与裁决》，路晓村、王自青译，中国建筑工业出版社 2004 年版。

25. ［英］格里塞姆、［澳］刘易斯：《PPP 革命：公共服务中的政府和社会资本合作》，济邦咨询公司译，中国人民大学出版社 2016 年版。

26. 吴志红：《公用事业规制法研究》，中国政法大学出版社 2013 年版。

27. 林明锵、郭斯杰：《工程与法律十讲》，台北，五南图书出版股份有限公司2014年版。

28. 陈军：《变化与回应：公私合作的行政法研究》，中国政法大学出版社2014年版。

29. 李欣、陈新平、景婉博等：《国外PPP法律文本解析》，中国财政经济出版社2017年版。

30. 敖双红：《公共行政民营化法律问题研究》，法律出版社2007年版。

31. 李以所：《德国公私合作制促进法研究》，中国民主法制出版社2013年版。

32. 陈铭聪：《公私合作模式相关法律问题研究》，厦门大学出版社2017年版。

33. ［美］奥利弗·哈特等：《不完全合同、产权和企业理论》，费方域、蒋士成译，格致出版社、上海三联出版社、上海人民出版社2016年版。

34. 王天义、杨斌主编：《日本政府和社会资本合作（PPP）研究》，清华大学出版社2018年版。

35. 孙燕芳：《公私合作项目全寿命周期视角的契约设计与优化》，中国社会科学出版社2017年版。

36. 王天义、刘世坚、罗桂连、郇彩霞：《PPP：从理论到实践》，中信出版社2018年版。

37. 唐清利：《公私权模糊领域的合作治理研究》，法律出版社2017年版。

四、论文文献

1. 孙学致：《由自由达致责任——关于契约自由的内在规定性理论》，载《吉林大学社会科学学报》2003年第1期。

2. 蔡立东：《“平等主体关系说”的弃与留——未来〈民法典〉调整对象条款之抉择》，载《法学论坛》2015年第2期。

3. 于立深：《行政协议司法判断的核心标准：公权力的作用》，载《行政法学研究》2017 年第 2 期。

4. 于安：《我国 PPP 合同的几个主要问题》，载《中国法律评论》2017 年第 1 期。

5. 崔建远：《行政合同族的边界及其确定根据》，载《环球法律评论》2017 年第 4 期。

6. 郑成良：《法律、契约与市场》，载《吉林大学社会科学学报》1994 年第 4 期。

7. 王轶：《民法总则法律行为效力制度立法建议》，载《比较法研究》2016 年第 2 期。

8. 林明昕：《行政契约法上实务问题之回顾》，载台湾中正大学《法学集刊》，中正大学法律学系 2005 年版。

9. 刘烁玲：《论行政合同诉讼》，载《行政与法》2001 年第 3 期。

10. 于安：《论政府特许经营协议》，载《行政法学研究》2017 年第 6 期。

11. 崔卓兰：《论确立行政法中公民与政府的平等关系》，载《中国法学》1995 年第 4 期。

12. 李永军、胡亚妮：《民法上的公共利益考》，载《私法研究》第 8 卷。

13. 杨解君：《论契约在行政法中的引入》，载《中国法学》2002 年第 2 期。

14. 余凌云：《论行政契约的含义——一种比较法上的认识》，载《比较法研究》1997 年第 3 期。

15. 江必新：《中国行政合同法律制度：体系、内容及其构建》，载《中外法学》2012 年第 6 期。

16. 杨解君、陈咏梅：《中国大陆行政合同的纠纷解决：现状、问题与路径选择》，载《行政法学研究》2014 年第 1 期。

17. 湛中乐、刘书燃：《PPP 协议中的公私法律关系及其制度抉择》，载《法治研究》2007 年第 4 期。

18. 陈无风：《公用事业领域的公私合作治理研究》，载《行政法学与加快法治政府建设论文集》2015 年。

19. 骆梅英：《通过合同的治理——论公用事业特许契约中的普遍服务条款》，载《浙江学刊》2010 年第 2 期。

20. 陈阵香、陈乃新：《PPP 特许经营协议的法律性质》，载《法学》2015 年第 11 期。

21. 张文显：《和谐精神的导入与中国法治的转型——从以法而治到良法善治》，载《吉林大学社会科学学报》2010 年第 3 期。

22. 邢鸿飞：《政府特许经营协议的行政性》，载《中国法学》2004 年第 6 期。

23. 魏艳：《特许经营抑或政府采购：破解 PPP 模式的立法困局》，载《东方法学》2018 年第 2 期。

24. 刘承韪：《美国公私合作关系（PPP）的法治状况及其启示》，载《国家行政学院学报》2018 年第 4 期。

25. 张文显：《法治化是国家治理现代化的必由之路》，载《法制与社会发展》2014 年第 5 期。

26. 孙笑侠：《契约下的行政——从行政合同本质到现代行政法功能的再解释》，载《比较法研究》1997 年第 3 期。

27. 湛中乐、刘书燃：《PPP 协议中的法律问题辨析》，载《法学》2007 年第 3 期。

28. 易军：《“中国民法典草案”合同法编分则部分的缺陷及其矫正》，载《浙江社会科学》2007 年第 2 期。

29. 方新军：《关于民法典合同法分则的立法建议》，载《交大法学》2017 年第 1 期。

30. 朱广新：《民法典之典型合同类型扩增的体系性思考》，载《交大法学》2017 年第 1 期。

31. 贾康、孙杰：《公私伙伴关系（PPP）的概念、起源、特征与功能》，载《财政研究》2009 年第 10 期。

32. 程明修：《公司协力法律关系之双阶争讼困境》，载台湾地区行政法学会主编：《现代行政之正当法律程序/公私协力与行政合作法治》，台北，元照出版有限公司 2014 年版。

33. 余凌云：《对行政契约的三点感悟》，载余凌云主编：《全球时代下的行政契约》，清华大学出版社 2010 年版。

34. 陆玉、傅廷中：《基于模糊判别模式的近因识别》，载《河北法学》2016 年第 9 期。

35. 朱新力：《论行政主体在行政合同中的特权及其性质》，载《学习与思考》1998 年第 9 期。

36. 徐国栋：《“平等主体”民法调整对象限制语研究综述》，载《北方法学》2009 年第 3 期。

37. 余凌云：《英国行政法上合法预期的起源与发展》，载《环球法律评论》2011 年第 4 期。

38. 喻文光：《PPP 规制中的立法问题研究——基于法政策学的视角》，载《当代法学》2016 年第 2 期。

39. 卢谌、杜景林：《论缔约过失的基本问题及体系构建》，载《甘肃政法学院学报》2007 年第 1 期。

40. 梁凤云：《行政协议案件适用合同法的问题》，载《中国法律评论》2017 年第 1 期。

41. 梁凤云：《行政协议案件的审理和判决规则》，载《国家检察官学院学报》2015 年第 4 期。

42. 杨欣：《变革与回应：民营化的行政法研究》，中国政法大学 2006 年博士学位论文。

43. 赵宏：《德国公私合作的制度发展与经验启示》，载《行政法学研究》2017 年第 6 期。

44. 毛寿龙、秦虎：《采购公共服务与调整公共行政边界》，载《天津行政学院学报》2013 年第 6 期。

45. 张守文：《PPP 的公共性及其经济法解析》，载《法学》2015 年第 11 期。

46. 屈茂辉：《机关法人制度解释论》，载《清华法学》2017 年第 5 期。

47. 王利明：《典型合同立法的发展趋势》，载《法制与社会发展》2014 年第 2 期。

48. 张千帆：《“公共利益”的构成、对行政法的目标以及“平衡”的意义之探讨》，载《比较法研究》2005 年第 5 期。

49. 王利明：《论债法总则与合同法总则的关系》，载《广东社会科学》2014 年第 5 期。

50. 欧纯智、贾康：《PPP 是公共服务供给对官僚制范式的超越——基于我国公共服务供给治理视角的反思》，载《学术界》2017 年第 7 期。

51. 杨彬权、王周户：《论我国 PPP 行政法规制框架之构建》，载《河北法学》2018 年第 3 期。

52. 陈学辉：《政府参股 PPP 项目公司法律地位：理论反思与标准建构》，载《行政法学研究》2017 年第 5 期。

53. 吉富星：《不完全契约框架下 PPP 项目效率困境与规范创新研究》，载《当代财经》2018 年第 4 期。

54. 何代欣：《大国转型下的政府与市场合作机制——中国 PPP 策略与事实》，载《经济学家》2018 年第 1 期。

55. 李开孟、伍迪：《PPP 的层次划分、基本特征及中国实践》，载《北京交通大学学报》（社会科学版）2017 年第 3 期。

56. 唐祥来：《PPP 模式的治理逻辑、工具属性及其绩效》，载《经济与管理评论》2016 年第 4 期。

57. 肖登辉、张文杰：《PPP 协议纠纷多发之成因、预防与治理——基于政府与社会资本方双重视角》，载《宁夏社会科学》2018 年第 6 期。

58. 陈婉玲：《公私合作制的源流、价值与政府责任》，载《上海财经大学学报》2014 年第 5 期。

59. 陈婉玲：《PPP 长期合同困境及立法救济》，载《现代法学》2018 年第 6 期。

五、英文文献

1. Eva I. Hoppe, David J. Kusterer, Patrick W. Schmitz, "Public-private Partnerships Versus Traditional Procurement: An Experimental Investigation", *Journal of Economic Behavior & Organization*, 2013.

2. Emmanuelle Auriol, Pierre M. Picard, "A Theory of BOT Concession Contracts", *Journal of Economic Behavior & Organization*, 2013.

3. Carlos Oliveira Cruz, Rui Cunha Marques, "Flexible Contracts to Cope with Uncertainty in Public-private Partnerships", *International Journal of Project Management*, 2013.

4. Robert Osei-Kyei, Albert P. C. Chan, "Review of Studies on the Critical Success Factors for Public-Private Partnership (PPP) Projects from 1990 to 2013", *International Journal of Project Management*, 2015.

5. Nunzia Carbonara, Nicola Costantino, Roberta Pellegrino, "Concession period for PPPs: A Win-win Model for a Fair Risk Sharing", *International Journal of Project Management*, 2014.

6. Organisation for Economic Co-operation and Development, "Public-Private Partnerships: In Pursuit of Risk Sharing and Value for Money", 2008.

7. Albert N. Link, Public-Private Partnerships: Innovation Strategies and Policy Alternatives, 2006.

8. Oliver Hart and John Moore, "Incomplete Contracts and Renegotiation", *Econometrica*, 1988.

后　记

有生之年，与 PPP 撞个满怀，不禁暗自感叹一个人的职业生涯和一个时代需求之间的呼应与暗合。2014 年始入吉林大学法学院攻读博士学位，彼时新一轮公私合作伙伴关系方兴未艾：国家力推、企业力挺，数以万计的入库项目、数以十万亿计的投资规模，一派繁荣之景象。

然历史经验一再表明，缺乏顶层制度设计，单纯依靠政策驱动的运动式冒进，往往导致初心错配、目标失准。几年下来，保底承诺、明股实债、虚假财承等一系列不规范操作导致“伪 PPP”沉渣泛起，政府不堪重负，机构银根紧缩，企业哀鸿遍野。PPP 未及品尝秋收之喜悦，乃从酷暑直接跌入严寒。也许正是这种断崖式的起落浮沉，才更加彰显了本书从基础理论层面研究中国法框架下 PPP 合同属性和规制原则的学术价值。

本书是在博士学位论文基础上，丰富完善而成。从 2016 年赴美访学算起，本书的写作前后经历了两年时间。至今日能够形成一个粗浅的框架，实在要感谢很多师长同侪的关心与帮助。我的导师孙学致教授帮助我确定了论文的选题和研究方向，对于文章核心观点与我进行了多次深入的指导与讨论。即使身在国外，仍拨冗对文章进行修改，作为学生，感念至深。马新彦老师从论文开题、中期考核直至成文送审，全过程地关心和指导我的写作。论文最终题目的确定和分为两篇的基本结构，都是在马老师的建议下完成的。两位师长的言传身教，学生受益良多。

感谢在论文开题和中期考核过程中给予重要建议的母校老师们，包括蔡立东老师、李建华老师、曹险峰老师、于立深老师、李海平老师、李洪祥老师、孙良国老师、李国强老师；论文写作过程中，与多位老师交流了观点，包括清华大学崔建远教授、于安教授、王守清教授；美国爱荷华（IOWA）大学 John C. Reitz 教授、Adrien K. Wing 教授以及马里兰大学崔庆斌教授等，深受启发。法律出版社冯雨春分社长、李沂蔚编辑为本书顺利出版做了周到细致的工作，在此一并致谢。

现在想来，将 PPP 合同作为博士论文选题，应该还是与我理工院校出身的教育背景颇多关联。我始终相信，对于建设领域法律制度进行理论层面的深入研究，将工程管理与法学进行交叉学科的往复观察，将大大提升我国建设投资行为的规范和品位。2017 年入选财政部 PPP 专家库，成为东北地区唯一入选的法律专家，虽感荣幸，但更有努力推动 PPP 规范化、法治化之使命与重压。感恩生命中的所有遇见，无论是褒奖，抑或苛责。

是为记。

图书在版编目(CIP)数据

政府和社会资本合作(PPP)合同有名化研究 / 宿辉著
. -- 北京:法律出版社,2019
ISBN 978 - 7 - 5197 - 3296 - 7

Ⅰ. ①政… Ⅱ. ①宿… Ⅲ. ①政府投资－合作－社会资本－经济合同－研究 Ⅳ. ①F830.59 ②F014.39

中国版本图书馆 CIP 数据核字(2019)第 054939 号

政府和社会资本合作(PPP)合同有名化研究
ZHENGFU HE SHEHUI ZIBEN HEZUO (PPP) HETONG YOUMINGHUA YANJIU

宿 辉 著

策划编辑 李沂蔚
责任编辑 李沂蔚
装帧设计 汪奇峰

出版 法律出版社
总发行 中国法律图书有限公司
经销 新华书店
印刷 北京虎彩文化传播有限公司
责任校对 杨锦华
责任印制 吕亚莉
编辑统筹 法律应用出版分社
开本 710 毫米×1000 毫米 1/16
印张 14.25
字数 190 千
版本 2019 年 4 月第 1 版
印次 2019 年 4 月第 1 次印刷

法律出版社/北京市丰台区莲花池西里 7 号(100073)
网址/www.lawpress.com.cn
投稿邮箱/info@lawpress.com.cn
举报维权邮箱/jbwq@lawpress.com.cn
销售热线/010 - 83938336
咨询电话/010 - 63939796

中国法律图书有限公司/北京市丰台区莲花池西里 7 号(100073)
全国各地中法图分、子公司销售电话:
统一销售客服/400 - 660 - 6393
第一法律书店/010 - 83938334/8335 西安分公司/029 - 85330678 重庆分公司/023 - 67453036
上海分公司/021 - 62071639/1636 深圳分公司/0755 - 83072995

书号:ISBN 978 - 7 - 5197 - 3296 - 7 **定价**:46.00 元
(如有缺页或倒装,中国法律图书有限公司负责退换)